제자들로 채우는 교회

Deep Discipleship
by J. T. English

Originally published in English under the title *Deep Discipleship*
by B&H Publishing Group, a division of Lifeway Christian Resources
One Lifeway Plaza, Nashville, TN 37234 USA
Copyright ⓒ 2020 by J. T. English
All rights reserved.

This Korean edition published by Word of Life Press, Seoul 2023
Translated and used by permission.

제자들로 채우는 교회
ⓒ 생명의말씀사 2023

2023년 3월 24일 1판 1쇄 발행

펴낸이 | 김창영
펴낸곳 | 생명의말씀사

등록 | 1962. 1. 10. No.300-1962-1
주소 | 서울시 종로구 경희궁1길 6 (03176)
전화 | 02)738-6555(본사) · 02)3159-7979(영업)
팩스 | 02)739-3824(본사) · 080-022-8585(영업)

기획편집 | 유영란
디자인 | 최종혜
인쇄 | 영진문원
제본 | 보경문화사

ISBN 978-89-04-07148-7 (03230)

저작권자의 허락없이 이 책의 일부 또는 전체를
무단 복제, 전재, 발췌하면 저작권법에 의해 처벌을 받습니다.

J. T. 잉글리시 지음
스데반 황 옮김

제자들로 채우는 교회

추천의 글

"적절한 시점에 제자훈련을 돌아보도록 돕는 좋은 책이 나왔다. 책에서 저자는 비행기 조종사의 예를 든다. 조종사는 가장 먼저 수평선을 주시하는 법을 배우는데, 수평선을 볼 수 없을 때에는 자신의 직관을 믿지 말고 계기판을 믿어야 한다. 저자가 이 책에서 제시하는 질문들은 우리가 제자훈련을 제대로 하고 있는지 점검할 수 있는 계기판과 같은 역할을 한다. 저자는 우리의 목회를 느낌으로 판단할 것이 아니라 구체적인 진단 질문을 가지고 현실을 평가하고 부족한 부분을 보완하도록 돕는다. 특별히 책의 맨 앞에서 제자훈련을 왜 해야 하는지 물어야 한다고 강조하는데, 자아실현을 중시하는 현대의 문화적 압박 속에서 하나님 중심의 제자훈련을 하고 있는지를 묻는 것이다. 이 질문은 제자훈련을 하는 우리의 동기와 태도를 점검해준다. 제자도가 사라진 '껍데기 제자훈련'이 난무하는 이 시점에서 저자가 던지는 질문에 따라 꼼꼼히 우리의 사역을 살펴보며 제자도를 회복할 수 있기를 기대한다."

김명호, 일산대림교회 담임목사, 제자훈련연구소 대표

"주님이 이 땅의 교회에게 하신 명령은 '가서 제자 삼으라'(마 28:19)이다. 저자는 현대 서구 교회가 약화된 원인이 잘못된 제자훈련 때문이라고 말한다. 교회가 제자를 재생산하지 못한 결과, 이 시대를 감당하지 못하게 되었다는 것이다. 이어서 저자는 많은 서구 목회자가 취한 처방인 '가장 낮고 쉬운 제자훈련'으로는 이 흐름을 이겨낼 수 없다고 말한다. 저자는 이 책을 통해 제시하는 '깊은 제자훈련'이 이 상황에 대한 온전한 처방이라고 말하며, 그가 찾아낸 '깊은 제자훈련'의 핵심 가치와 방법을 들려준다.

특히 저자는 '깊은 제자훈련'이 품어야 하는 가치가 무엇인지 선명하고도 아름답게 풀어나간다. 예를 들어 1장에서 우리가 제자훈련을 해야 하는 이유를 설명하며, 단순히 개인이나 교회 공동체의 유익을 넘어 '하나님을 아는 것'과 연결하고 있다. 제자훈련을 그저 교회의 프로그램 중 하나라고 생각했다면, 첫 장을 읽으며 회개하게 될 것이다. 저자는 제자훈련의 환경과 담아야 할 내용에 관해 말하며, 그렇게 훈련된 사람들이 해야 할 일과 영역, 그리고 구체적인 전략을 제시한다.

책을 읽으며 저자가 들려주는 제자훈련이라면, 정말 이런 가치를 품고 이렇게 훈련한다면 우리 교회가 우리 주님이 기뻐하시는 '제자들로 채우는 교회'가 될 수 있겠다는 소망이 생겼다. 주님의 명령대로 제자를 세우는 것이 교회의 사명임을 믿는 이들에게 이 책은 너무 유익한 좋은 소식이다."

조영민, 나눔교회 담임목사

"제자훈련의 목표는 단순히 재생산이 아니다. 성화이다. 재생산은 하나님의 영광을 추구하는 성화의 삶을 살아갈 때 자연스럽게 따라오는 열매이다.

『제자들로 채우는 교회』는 오늘날 유행하는 잘못된 제자훈련의 다양한 형태들을 반박하면서 깊은 제자훈련의 본질을 이야기하고 있다. 오늘날 교회가 당면한 도전 중 하나는 자아 중심적 제자훈련이다. 그러나 성경은 자기부인을 이야기한다. 저자는 진정한 자기부인은 하나님의 아름다우심을 경험할 때 이루어지며, 그 아름다움을 경험하기 위해서는 성경과 교리와 거룩한 영적 습관이 필요하다고 말한다. 제자훈련에 대한 대부분의 내용에 동의하며 읽었는데, 반드시 소그룹일 필요는 없다는 대목에는 개인적으로 아쉬움이 있다. 귀납적 환경과 소그룹은 사람이 변화되는 가장 좋은 환경이라고 강조하고 싶다. 그렇지만 그럼에도 이 책은 제자훈련에 대한 여러 가지 오해가 뒤섞인 한국 교회에 제자훈련의 본질을 올바로 보여준다."

고상섭, 그사랑교회 담임목사, 은보포럼 이사

"나는 제자훈련을 사랑한다. 복음으로 훈련된 성도들이 이루어내는 역동과 활기를 사랑한다. 하지만 우리의 훈련이 단순히 교회를 활기 있게 만드는 데 목적이 있다면, 그저 교회의 수적 성장을 목표로 한다면 우리의 훈련은 얕아질 것이다. 저자는 제자훈련의 궁극적인 목표가 무엇인지 다시 우리의 마음을 재조정함으로써 우리가 아주 깊은 제자훈련을 갈망하도록 인도한다. 그 목표는 가장 위대하신 분, 가장 영광스러우신 분인 하나님을 더 깊이 보고 누리고 알아가며, 그분의 뜻을 좇아 살아가는 것이다. 그리고 그 하나님이 주시는 생명력은 교회를 더 건전하고 은혜롭고 강력하고 활기 있게 할 것이다!"

이정규, 시광교회 목사

"제자훈련 목회철학을 가진 교회는 성숙하길 간절히 열망하는 제자들을 기른다. 그 제자들의 영향력은 실로 엄청나다. 새 생명이 탄생하고, 교회는 더욱 든든히 선다. 이런 선순환을 지속하려면 어떻게 해야 할까? 성도들을 훈련해야 한다. 복음의 본질을 알고 그렇게 살게 해야 한다. 성숙한 제자들이 많아지고, 그 영향력이 교회와 세상에 더욱 커져야 한다.

그런데 만약 함께 이런 꿈을 꾸던 목회자와 성도 대부분이 어느 주일부터 일순간 사라진다면 어떨까? 생각만 해도 아찔하고 막막한 그 일이 교회에 벌어지고 말았다. 분당우리교회는 일만 성도 파송을 했다. 각 영역에 봉사자는 턱없이 부족해졌고, 소그룹은 이미 포화상태였다. 훈련을 해야 했다. 그러나 훈련 경험이 없는 인도자 몇 명이 있을 뿐이었다. 훈련 지원도 장담하기 힘들었다. 훈련을 사모하며 기다리고 준비할 정도의 열정을 가진 이들이 모두 파송에 동참했기 때문이다. 훈련에 대한 관심, 예배 출석, 소그룹 참여 등 전반적으로 하향 평준화된 상황, 지난 20년간 교회를 든든히 받쳐왔던 훈련, 양육 전반을 고민해야 할 때가 된 것이다.

훈련담당으로 선택할 수 있는 것은 크게 두 가지였다. 그것은 바로 얕은 제자훈련과 깊은 제자훈련이었다. 얕은 제자훈련은 모두에게 부담이 없을 것이다. 남아있는 성도들은 지쳤고, 돌봄이 필요한 성도들은 요구하지만 반응하지 않는다. 이런 상황에서는 강도 높은 훈련이 불가능하다고 판단할 수 있다. 그러나 그렇게 훈련한다면 변화는 없을 것이다. 그렇다면 깊은 제자훈련은 어떤가? 생각만으로 힘이 든다. 훈련의 의의와 목적을 성도들에게 설명해야 할 것이다. 설득해야 할 것이다. 그들에게 훈련하고자 하는 동기 부여도 해주어야 할 것이다. 무리한 요구도 해야 하며 훈련과정 중 포기하지 않도록 세심히 살펴야 할 것이다. 그러나 변화가 있을 것이다. 그 변화로 교회의 전반적인 분위기가 바뀔 것이다.

얕은 제자훈련에 매혹당하던 중 제자훈련의 본질과 기본기를 다시금 생각해볼 수 있는 책을 만나 감사하다. 사람들이 교회를 떠나거나 교회 안에서 침체된 이유는 무엇인가? 저자의 말처럼 우리가 복음을 충분히 전하지 않았기 때문이다. 그리고 그들에게 충분히 요구하지 않았기 때문이다. 제자훈련을 시작하는 교회와 인도자, 제자로 살고자 하는 모든 성도님들께 꼭 이 책을 읽어보시라고 권하고 싶다. 마음과 생각을 정돈할 수 있을 것이다."

하진호, 분당우리교회 훈련담당 목사

"J.T. 잉글리시가 지역 교회를 위해 내놓은 제안은 실행 가능할 뿐 아니라 선교에도 매우 요긴하다. 그의 제안은 효과가 있다. 나는 깊은 제자훈련을 위한 환경을 만드는 것이 어떻게 영적인 유아들을 성숙한 신자로 만드는지를 직접 목격했다. 교회가 세속주의와 맞서 싸우기 위해서는 뿌리를 깊게 내린 제자들이 필요한데, 그런 제자를 만드는 것이 교회가 주님으로부터 받은 소명이다. 이 책은 일상의 제자들을 하나님의 더 깊은 것들로 나아가게 할 것이다. 교회가 가장 기본적인 제자훈련 전략을 넘어 더 깊은 곳으로 나아가야 한다는 필요성을 느끼는 사역자들에게 이 책을 추천한다."

젠 윌킨(Jen Wilkin), 『주 같은 분 없네』 저자 및 성경 교사

"이 책의 내용은 이론이나 추상적인 소망이 아니다. 이 책을 따라 하면 효과가 나타난다. 나는 저자와 5년간 함께 일하면서 이 책에 담긴 확신과 개념이 빌리지 교회(The Village Church)에 뿌리내리는 것을 보았다. 수백 수천 명의 평신도와 여성들이 성경의 하나님을 뚜렷하게 알아가면서 삶이 변화되었고 예배의 열정이 되살아났으며 교회가 크게 성장했다."

매트 챈들러(Matt Chandler), 플라워 마운드 소재 빌리지 교회 담임목사, Acts 29 대표

"J.T. 잉글리시는 면도날처럼 예리한 신학과 깊은 목회적 통찰력을 합해 우리에게 꼭 필요한 책을 썼다. 우리 모두를 평생 성장하고 섬기고 증거하고 예배하도록 훈련시키는 깊은 제자훈련 없이 교회가 많은 일을 하고 있다는 사실이 놀랍기만 하다. J.T.는 지역 교회가 어떻게 신학적 열정과 훈련의 새로운 터전이 될 수 있는지 보여준다. 그의 지혜를 적용해 보고 싶은 마음이 나 역시 간절하다. 많은 교회도 나와 같기를 바란다!"

샘 올베리(Sam Allberry), 내슈빌 소재 임마누엘 교회 부목사,
『하나님은 우리 몸에 대해 뭐라고 말씀하실까?』 저자

"J.T. 잉글리시는 우리의 제자훈련을 심화시키는 일에 헌신적으로 힘쓴다. 이 시대 많은 교회들과 신자의 삶을 볼 때 천박한 기독교라는 말 외에 달리 표현할 길이 없다. 만약 당신이 그런 상태를 바꾸고 싶다면 이 책을 집어 들라. 이 책을 읽는 데 오래 걸리지는 않지만 그 효과는 평생 지속될 것이다."

마크 데버(Mark Dever), 워싱턴 DC 소재 캐피톨 힐 침례교회 목사, 9Marks 대표

"이 책은 신앙의 가장 중요한 측면 중 하나인 제자도에 대한 신학과 실천을 합쳐 놓은 매우 귀한 책이다. J.T. 잉글리시에 따르면 제자훈련은 성경에 뿌리를 두고 지역 교회에 자리를 잡고 하나님의 영광을 목표로 삼아야 한다. 나는 이 책이 널리 읽히기를 바란다. 이 책은 깊고 온전한 제자들을 만들고 성숙시킬 것이다."

제러미 트리트(Jeremy Treat), 휘튼 칼리지 박사,
LA 소재 리얼리티 교회 설교와 비전 담당목사

차례

머리말 제자훈련의 문제점을 진단하다 12

1장 비전: 하나님 중심의 제자훈련이란 무엇인가? 26

'무엇'보다는 '왜'를 살피라 • 깊은 제자훈련에 대한 두 가지 도전 : '자기중심적' 제자훈련 | 영적 무감각

2장 교회: 온전한 제자훈련은 어디에서 이루어지는가? 54

"신학교에 들어가는 게 좋겠어" • 차기 목사를 훈련시키라 • 지역 교회란 무엇인가? : 장소 | 사람 | 목적 | 하나님의 임재 • 결론

3장 환경: 제자들을 세우려면 무엇을 갖춰야 하는가? 90

제자훈련 환경 점검하기 • 제자훈련 환경 갖추기 • 학습 환경은 어떠해야 하는가?

4장 범위: 제자들에게 필요한 훈련은 무엇인가? 114

제자훈련에서 양보할 수 없는 것 : 성경 | 교리 | 영적 습관 • 제자들에게 필요한 것

5장 단계: 제자들을 어떻게 성장시킬 것인가? 150

성장을 방해하지 말라 • 모든 사람을 위한 제자훈련 • 제자 삼는 제자들을 위한 제자훈련 • 지도자들을 위한 제자훈련

6장 파송: 제자들을 어디로 보내야 하는가? 176

제자들은 어디로 가는가? • 지역 교회로 • 가정과 이웃으로 • 일터로 • 열방으로

7장 전략: 제자훈련을 어떻게 실제로 구현할 것인가? 202

예수님의 사역은 어떠했는가? • 우리 교회도 깊은 제자훈련이 가능할까? • 어떻게 실행할 수 있을까? : 구조 | 예측 가능성 | 책임감 | 접근성 | 공동체 | 탁월함 • 지역 교회에서의 깊은 제자훈련

맺는말 228

머리말 제자훈련의 문제점을 진단하다

    2018년 메모리얼 데이(Memorial Day, 전몰장병 추모일)가 있던 주말에 아내와 나는 댈러스(Dallas)에 사는 정형외과 의사를 만나기 위해 차를 몰고 가고 있었다. 아내의 오른쪽 허벅지 통증이 지난 몇 주 동안 점점 심해졌기 때문이다. 아내는 활동적인 편이었는데 근육을 너무 많이 사용해서 그렇게 되었다고 우리는 생각했다. 아마도 무리하게 근육을 사용해 한쪽으로 뭉쳤거나 근육이 약간 찢어졌을 수도 있다. 우리는 몇 주간 근육 스트레칭, 얼음찜질, 그리고 여러 다른 치료들을 해 보았다. 하지만 통증이 사라지지 않아서 결국 병원에 갔다.

    의사는 아내에게 몇 가지 질문을 한 다음, 무엇이 문제인지 정확히 알아보기 위해 MRI를 찍어 보자고 했다. MRI 촬영이 끝난 후 대기실에서 초조하게 앉아 기다리는 동안 온갖 염려가 밀려왔다. '생각보다 더 심각한 것은 아닐까? 아니야, 심각하지는 않을 거야. 별일 없겠지? 수술과 재활이 필요한 것은 아닐까?'

    오랜 기다림 끝에 우리는 작은 방으로 오라는 호출을 받았고, 거기서 좀 더 기다려야 했다. 우리는 30분을 앉아 있으면서 별의별 생각을 다 했다. 그러나 다음에 일어날 일을 알 수 없으니 아무것도 대비할 수가 없었다. 의사가 들어왔고, 그의 입에서 나온 첫 말은 "죄송하지만 문제가 있어 보입니다"였다.

나는 망치로 얻어맞은 것 같았다. 문제가 있어 보인다는 것은 무슨 뜻일까? 무엇이 잘못되었다는 걸까? 얼마나 큰 문제일까? 나는 무슨 말을 듣게 될지 몰랐지만, 혹시나 하며 우려했다. 의사는 나의 아내가 이미 많이 진행된 악성 육종암을 앓는 것 같다고 했다. 육종암은 종양이다. 악성이라는 것은 암이 빠르게 성장하고 있고 다른 부분으로 전이될 가능성이 크다는 것을 의미한다. 의사를 만난 후 우리는 아내의 근육이 단순히 뭉쳤다고 생각했던 처지에서 그녀가 얼마나 살 수 있을지 걱정하는 처지로 바뀌었다.

다음 날은 주말이었고 월요일은 메모리얼 데이였기 때문에 의사는 화요일 일찍 진단을 위한 조직검사를 하자고 했다. 그 주말은 우리 인생에서 가장 긴 주말이었다. 우리는 많은 사람을 집에 불러 기도를 부탁했다. 우리는 눈물을 흘리며 찬양을 하고 성경을 읽었다. 우리는 이 일이 이제 세 살 되고 9개월 된 두 어린 자녀에게 어떤 영향을 미칠지 걱정했다. 우리는 하나님께서 기적을 행하시기를 기도했다.

메모리얼 데이에 우리는 일어난 모든 일을 잊기 위해 수영장으로 갔다. 물의 부력은 아내의 근육통을 더는 데 도움이 되었다. 나는 수영장에서 가족사진을 찍었다. 우리 네 식구는 모두 웃고 있었다. 사진에 비친 우리 모습은 아무런 세상 염려가 없는 젊고 활기찬 가족처럼 보였다. 하지만 우리의 마음은 두려움에 사로잡혀 있었다.

화요일 아침, 우리는 종양 조직검사를 받으러 병원에 갔다. 조직검사는 몇 시간이나 계속되었다. 나는 다른 가족들, 몇몇 친구들과 함께 대기실에 앉아서 기다렸다. 몇 시간이 더 흘렀다. 그 사이에 의사들은 다른 환자들의 가족에게 소식을 전하기 위해 대기실로 찾아왔다. 대기실에서 기다리던 많은 사람이 기쁜 소식을 전해 듣는 것 같았다.

그때 간호사 한 명이 내게 오더니 의사를 만나러 개인 상담실로 가라고 했다. 나는 두려워지기 시작했다. '개인 상담실? 왜 대기실에서 정보를 알려주지 않지? 생각보다 더 악화된 상태인가? 아니면 괜찮은 걸까?' 나는 상담실로 갔고 몇 분 후에 의사를 만났다.

의사는 병상 보고서를 보니 초기 진단이 맞는 것 같지만 어쩌면 종양이 심각하지 않을 수도 있다고 낙관했다. 그러나 비정상적인 수치가 있으므로 추가 분석을 위해 그 보고서를 하버드 대학에 보내고 싶다고 말했다.

의사는 내게 치료 계획을 알려주었다. 여러 차례의 방사선 치료와 종양 제거 수술, 그리고 상당히 강한 화학 요법이 뒤따를 것이라고 했다. 그는 방사선 전문의들, 항암 화학요법 전문의들과 상담 약속을 잡기 시작했고, 자신은 외과 의사로서 담당 의사로 섬길 것이라고 했다. 우리가 떠나기 전에 그는 하버드 대학의 병리학자로부터 소식을 들을 때까지는 방사선 치료를 시작하지 말라고 지시했다. 초기 진단에 추가나 변경 사항이 있을 수 있다는 것이다.

나는 의사가 왜 그렇게 오래 시간을 끄는지 이해할 수 없었다. 만약 아내 다리에 암이 있는 것이라면, 나는 당장 치료를 시작하고 싶었다. 암이 몸의 다른 부위로 전이될 가능성이 있는데, 외부기관의 진찰 결과를 기다리면서 그 암을 그냥 놔두어도 되는 것일까? 의사는 자신의 진단이 맞을 것이라고 말했다. 하지만 그래도 치료 계획을 시작하기 전에 항상 100퍼센트의 확신을 갖는 것이 중요하다고 우리를 설득했다. 의사는 만일 오진으로 병을 잘못 치료하게 되면 재앙이 시작될 수 있다고 했다. 이런 경우 오진과 잘못된 치료는 치명적일 수 있다. 즉, 치료를 위한 구체적인 계획을 마련하기 전에 무엇이 문제인지 정확히 알 필요가 있다는 것이다.

그래서 우리는 기다려야만 했다. 그 후 열흘 동안 우리는 모든 상담에 협력했고 방사선 치료 일정을 잡았다. 그 기간은 우리 인생에서 가장 길고 힘든 날들이었다. 그녀의 고통은 점점 커져서 어떤 진통제를 먹든 고통이 사라지지 않았다. 나는 아내 없이 두 아이를 혼자 키우게 될지 모른다는 괴로움에 악몽을 꿨다. 우리는 암이 다른 곳으로 전이되었는지 알아보기 위해 시내 곳곳을 다니며 그녀의 다리와 온 몸의 MRI 스캔을 계속했다. 우리는 절망의 구렁텅이에 빠져 있었다.

6월 13일 오후 6시경, 의사에게 전화가 왔다. 그러나 아내의 전화가 묵음 상태였기 때문에 놓치고 말았다. 미친 듯이 음성 메시지를 확인하니, 의사는 우리에게 중요한 소식이 있다며 가능한 한 빨리 전화를 해달라고 했다. 우리는 곧바로 의사에게 전화를 했다. 통화 중이었다. 다시 전화를 했다. 또 통화 중이었다. 세 번째 전화했을 때 마침내 의사가 전화를 받았다. 그는 방금 하버드 대학의 병리학자에게 보고를 받았는데 초기 진단이 오진으로 나왔다고 말했다. 그러니까 아내는 암에 걸리지 않았다는 것이다. '뭐라고? 오진? 우리가 했던 모든 일들, 잠 못 이룬 밤들, 모든 MRI 스캔, 그리고 기도가 다 헛수고라고? 지난 몇 주 동안 겪은 우리의 고통이 전부 헛수고였단 말인가?'

암이 아니라면, 무엇일까? 아내의 고통은 여전히 심각했고, 우리는 그녀의 다리에 있는 덩어리가 확실히 느껴졌다. 나는 의사에게 물었다. "그것이 암이 아니면 도대체 뭔가요? 암이 아닌 것이 분명하지요?" 그러자 의사는 그녀의 근육이 비틀렸거나, 엉덩이를 부딪힌 것과 같은 국부적인 외상 때문에 희귀한 피멍을 갖게 된 것 같다고 했다. 작은 피멍이 아내의 허벅지에 뼈처럼 단단한 덩어리를 형성했다는 것이다. 이런 증상은 화골성근염(化骨性筋炎)이라고 불리는데 육종암과 같은 악성 종양을 닮은 양성 종양이라고 했다. 의사는 이 종양을 치료하는 과정 역시 길고 고통스럽겠지만 치명적이거나 위협적이지는 않다고 말했다.

아내는 오진을 받았을 뿐, 암에 걸리지 않았다. 이 사실은 방사선 치료와 수술, 그리고 항암 화학요법이 필요 없다는 뜻이었다.

우리는 처음 몇 시간 동안 그저 축하하고, 울고, 예배드렸다. 가족과 친구들을 불러 이 좋은 소식을 알리고 서로 껴안았다. 그리고 지난 몇 주간 일어난 모든 일을 정리하기 시작했다. 아내가 암에 걸리지 않았다는 사실이 너무 좋아서 마음을 잡기가 쉽지 않았다.

그 3주는 우리의 남은 삶에서 지울 수 없는 기간이 되었다. 우리는 결코 그때의 기억을 지울 수 없다. 그때 흘린 눈물도 취소될 수 없다. 하나님의 역사를 간청하며 잠 못 이루던 그 밤들을 잊지 못할 것이다. 그 3주, 오진, 잠 못 이루던 밤들, 기도회, 우리를 위해 하나님께 기도했던 친구들과 가족들……. 나는 이 모든 일이 어제 일처럼 생생하다.

오진의 위험

그 기간에 우리가 배운 많은 교훈 중 하나는 바른 진단을 받는 것의 중요성이다. 만약 우리가 하버드대 전문가로부터 연락을 받기 전에 신속히 방사선 치료를 진행했다면 어떻게 되었을까? 만약 성급하게 치료를 했다면, 그 치료는 득보다 해를 끼쳤을 것이다. 만약 아내가 암에 걸렸다고 확신하고 치료 계획을 세워 거침없이 진행했다면 어떻게 되었을까? 우리의 의사가 초기 진단을 내렸음에도 치료를 진행하기 전에 다른 전문 의견을 들어보아야겠다는 직감을 가진 것에 감사한다. 이런 경우 오진과 잘못된 치료는 치명적일 수 있기 때문이다. 치료를 바르게 하는 것은 전적으로 바른 진단을 하는 것에 달려 있다.

이와 비슷하게 나는 지역 교회의 제자훈련이 병들었다고 믿는다. 적절한 진단과 바른 치료 계획이 없다면, 우리는 득보다 해를 끼칠 것이다. 서방 교회는 지난 수십 년을 거치며 우리의 제자훈련이 심각하게 병들었음을 알게 되었다. 병든 제자훈련의 증상은 사람들이 교회를 떠나는 것으로 나타난다. 고등학교를 졸업한 후 교회를 떠나는 학생들, 그리고 교인 감소 등이다. 아마도 최악의 증상은 신자들이 그리스도의 제자가 된다는 것이 실제로 무엇을 의미하는지 별로 관심이 없는 것이다. 이러한 증상들을 검토한 결과, 우리는 교회가 점점 더 무심해지는 반면, 몇몇 사람에게는 너무 많은 것을 요구하는 것이 우리의 질병이라고 생각하게 되었다. 우리는 교회가 신자들의 일상에서 그들의 생각과 삶에 영향을 끼치지 못한다는 사실을 알게 되었다.

우리는 교회가 병든 이유를 제자훈련이 너무 깊은 탓으로 보고, 이 병을 치료하기 위해 사람을 더 필요로 하는 것이 아니라 덜 필요로 하는 목회 전략을 세웠다. 교회가 제자를 성장시키기보다 제자를 유지하는 전략을 세웠으며, 목회자를 사역자보다는 마케팅 담당자로 만드는 전략을 개발했다. 우리는 급해졌고, 단지 출혈을 멈추기 위해 기준을 낮췄고, 가장 낮고 쉬운 제자훈련을 정착시켰다. 나는 대부분의 목회자들이 불행하게도 그 병을 오진했으며 그 결과 잘못된 치료책을 찾고 있다고 믿는다.

우리 사역의 병폐는 복음주의 교회가 너무 깊은 것이 아니라 너무 얕은 것에 있다. 사람들과 학생들이 교회를 떠나는 증상, 성숙한 제자들이 없는 증상, 그리고 교인 감소 증상은 우리가 너무 깊은 것이 아니라 오히려 너무 시시하다는 것을 알려주는 증상들이다.

사람들이 교회를 떠나는 이유는 우리가 그들에게 너무 많은 것을 주기 때문이 아니라 너무 적게 주기 때문이다. 그들은 우리가 그들에게 머물 근거를 주지 않았기 때문에 교회를 떠난다. 우리는 질병을 오진해 그릇된 치료를 하고 있다. 깊은 제자훈련(Deep discipleship)은 사람들에게 성경을 덜 주기 위한 것이 아니라 더 주기 위한 것이다. 신학을 덜 가르치기 위한 것이 아니라 더 가르치기 위한 것이며, 영적 훈련을 덜 하기 위한 것이 아니라 더 하기 위한 것이다. 복음을 덜 주기보다 더 주는 것이며, 그리스도를 덜 알려주는 것이 아니라 더 알려주는 것이다.

사람들이 교회를 떠나는 이유는 우리가 그들에게 너무 많은 것을 요구하기 때문이 아니라 우리가 그들에게 충분히 요구하지 않기 때문이다. 우리는 사람들에게 탁월한 기독교를 알려주어야 하는데 얕은 영성을 제시했다. 우리는 가장 낮고 쉬운 제자훈련을 만들어 병든 제자훈련을 치료하려고 했다. 그래서 제자도를 지나치게 단순화시켰고 그리스도를 따르는 것의 의미를 완화시켰다.

간단히 말해 우리는 폭을 넓히면 문제가 해결되리라 믿으면서 얕은 제자훈련을 정착시켰다. 우리는 영적 성장 대신에 양적 성장에 초점을 맞춘 사역 철학을 택했다. 우리는 목회자들에게 복음의 사역자가 아니라 마케팅 담당자가 되어 달라고 요청했다. 우리는 사람들이 교회를 떠나지 않도록 그들을 유지하는 데 초점을 두었다. 하지만 그들이 성장하기를 원한다면, 그들은 교회 밖으로 나가야 한다. 우리는 사람을 변화시키는 일보다 그들을 붙드는 방법에 대해 생각한다.

나는 지금이야말로 교회가 우리가 갖게 된 질병에 대해 몇 가지 심각한 질문을 해야 할 때이며, 또한 다 같이 깊은 제자훈련을 시작하고 그것을 널리 퍼뜨려야 할 때라고 믿는다. 아마도 교회는 더 폭넓게 나아가는 것이 아니라 더 깊게 나아가는 것의 의미를 생각해야 할 것이다. 문화적인 배경에서 볼 때 지금은 얕은 영성으로 대중에게 호소하기보다 깊은 기독교 신앙을 구현하고 초대해야 할 때가 아닐까?

그뿐 아니라 우리는 사람들을 성장시키고 성숙시키는 통합적인 깊은 제자훈련을 생각해내고 그것을 사역 철학으로 삼아야 하지 않을까? 가장 낮고 쉬운 제자훈련에 안주하는 이들을 뒤흔들 사역 철학을 개발하고 실행하면 어떠할까? 궁극적으로 지역 교회 내에 성숙하고 온전한 제자들이 성장하고 번성할 수 있는 사역 철학을 세우도록 더 나은 질문을 하면 어떨까?

이 책에서 내가 바라는 것은, 지역 교회들이 깊고 온전한 제자를 성장시키고 양육하는 사역 철학을 구현하는 데 도움을 주는 패러다임을 소개하는 것이다. 제자 양육에 집중하면 교회를 세우지만, 교회 성장에 집중하면 제자 양육에 소홀해질 수 있다는 확신을 지역 교회가 갖기 바란다. 나는 이 일을 위해 더 나은 질문을 함으로써 사역 철학을 재구성하고자 한다. 더 나은 질문을 함으로써, 우리는 더 나은 대답을 생각해 낼 것이다.

1장에서 다룰 첫 번째 질문은 "깊은 제자훈련은 왜 중요한가?"이다. 구체적으로는, 하나님의 본질과 성품을 고찰하고, 하나님의 무한한 아름다움과 영광과 풍성함이 왜 깊은 제자를 양육하는 데 중요한지를 탐구할 것이다. 이 장에서 나는 우리의 사역 철학이 단지 하나님이 하시는 일뿐만 아니라, 하나님이 누구신지를 아는 데 근거해야 한다는 사실을 주장할 것이다.

두 번째 질문은 2장과 3장에서 다룬다. 나는 "어디에서 온전한 제자들을 **만들 수** 있을까?"라는 질문 대신에, "어디에서 온전한 제자를 **만들어야** 하는가?"라는 질문을 하려 한다. 이 질문은 궁극적으로 환경에 대한 질문이다. 깊은 제자훈련은 어디에서 시행되어야 하는가? 이 두 장에서 우리는 지역 교회가 제자훈련에 가장 적합한 환경이라는 사실을 주장할 것이다. 지역 교회에서 제자훈련이 등한시되고 있으므로 지역 교회 외부에서 진행되는 제자훈련이 폭발적으로 증가하고 있다. 그러나 예수님은 그리스도를 따르는 제자들을 가르치고 변화시키고 성숙시키는 사명을 지역 교회에 위임하셨다.

우리는 지역 교회에서 제자들이 양육되고 있는지를 확인해야 할 뿐 아니라, 지역 교회가 온전한 제자를 양육하기 위해 어떤 환경을 갖추어야 하는지 고민해 보아야 한다. 우리 교회는 제자들을 주로 집회를 통해 양육하는가, 아니면 가정교회에서 양육하는가? 또는 교육적인 환경에서 양육하는가? 여기서 나는 교제 중심의 사역을 하는 지역 교회가 기독교 교육을 되찾아 유익을 얻어야 한다고 주장할 것이다. 또한 기독교 교육을 어떻게 충분히 이해하고 어떻게 구현할 수 있을지 고민할 것이다. 제자훈련 환경은 어떤 종류의 제자를 양육할 것인지와 크게 맞물려 있다.

4장에서 던지는 세 번째 질문은 범위에 관한 것이다. 우리는 "제자들은 무엇을 **원하는가?**"라는 질문 대신에 "제자들에게 무엇이 **필요한가?**"라는 더 나은 질문을 해야 한다. 너무나 많은 사역 철학이 제자들에게 그들이 필요한 것을 주는 대신 그들이 원하는 것을 주는 소비자 지상주의적 사고방식을 따르고 있다. 교회는 성장하며 성숙하는 그리스도의 제자를 만들기 위해, 그런 제자를 양육할 수 있는 지도자들을 어떤 계획을 갖고 훈련시켜야 하는가?

5장에서 던지는 네 번째 질문은 우리가 어떻게 교인들을 그리스도의 제자로 성장시키는가 하는 질문이다. 나는 "지역 교회가 제자들을 어떻게 **유지할** 것인가?"라는 질문 대신 "지역 교회가 교인들을 어떻게 제자로 **성장**시킬 것인가?"라는 더 나은 질문을 던질 것이다. 지역 교회는 제자를 어떻게 유지하느냐에 초점을 두지 말고 어떻게 성장시키느냐에 초점을 맞춰야 한다. 지역 교회는 제자들을 '양육하는' 사역 철학을 어떻게 개발할지 고민해야 한다. 제자들로 하나님과 깊은 관계를 갖도록 하는 것이 온전한 제자훈련 방식이다.

다섯 번째 질문은 파송에 대한 것이다. 나는 "**몇몇** 제자들을 어디로 보낼 것인가?"라는 질문 대신에 "**모든 제자**를 어디로 보낼 것인가?"라는 더 나은 질문을 할 것이다. 온전한 제자들이 지역 교회라는 환경에서 성장하고 양육되면, 우리는 더 많은 제자를 만들기 위해 그들이 영향을 나타낼 수 있는 영역으로 그들을 파송할 계획을 세워야 한다. 제자훈련은 결코 한 명의 제자를 만드는 것으로 끝나서는 안 된다. 모든 제자는 더 많은 제자를 만들기 위해 파송되어야 한다.

마지막 질문은 유연성, 지속성 및 전략에 관한 것이다. 나는 "우리 교회가 이 일을 **할 수 있을까?**"라는 질문보다 "우리 교회는 왜 이 일을 **하지 않을까?**"라는 더 나은 질문을 할 것이다. 이 마지막 질문은 깊은 제자훈련이 어떻게 모든 지역 교회에 적용 가능하며 지속적이고 전략적인지 그 핵심을 드러낸다.

그러나 우리는 깊은 제자훈련의 '내용'을 다루기 전에, 깊은 제자훈련이 왜 중요한지를 생각해 보아야 한다.

"우리는 어디서 제자를 **만들 수** 있는가?"를 묻는 대신에 "어디서 제자를 **만들어야** 하는가?"를 물을 것이다.

"제자들은 무엇을 **원하는가?**"를 묻는 대신에 "제자들에게 무엇이 **필요한가?**"를 물을 것이다.

"어떻게 하면 제자들을 **유지할 수** 있을까?"를 묻는 대신에 "어떻게 하면 제자들을 **성장시킬 수** 있을까?"를 물을 것이다.

"**몇몇** 제자들을 어디로 파송할까?"를 묻는 대신에 "어디로 **모든** 제자들을 파송할까?"를 물을 것이다.

"우리 교회가 이 일을 **할 수 있을까?**"를 묻는 대신에 "우리 교회는 왜 이 일을 **왜 하지 않을까?**"를 물을 것이다.

핵심 정리

1. 지역 교회의 제자훈련에 대한 올바른 진단과 치료 계획이 없으면 우리는 득보다 해를 끼칠 것이다.

2. 우리는 교회가 너무 깊어진 것이 병이라고 생각하는 것 같다. 이 병을 치료하기 위해, 우리는 교인들에게 더 요구하기보다 덜 요구하는 사역 전략을 개발해왔다. 우리는 기준을 낮추고 가장 낮고 쉬운 제자훈련을 정착시켰다.

3. 사람들이 교회를 떠나는 것은 우리가 그들에게 너무 많은 것을 요구했기 때문이 아니라 우리가 그들에게 충분히 요구하지 않았기 때문이다. 우리는 사람들에게 탁월한 기독교를 제시해야 할 때 얕은 영성을 제시했다.

토론을 위한 질문

1. 지역 교회의 제자훈련이 병들었다는 것에 동의하는가? 당신은 그 병을 명확하게 짚어보려고 시도해본 적이 있는가?

2. 의식적이든 무의식적이든 병든 제자훈련을 치료하기 위해 어떤 노력을 해보았는가? 당신의 교회는 제자훈련의 기준을 낮췄는가, 혹은 높였는가?

3. 기준을 낮추는 것은 우리의 병든 제자훈련에 대한 잘못된 해결책이라고 확신하는가? 그렇지 않다면, 이 시점에서 어떤 해결책이 있다고 생각하는가?

적용하기

1. 지역 교회의 제자훈련이 병들었다는 것에 대해 한두 문장으로 정리하라.

2. 교회 지도자 입장에서 적절한 해결책이 무엇인지 묘사하라.

3. 그 해결책이 지역 교회에서 어떻게 구체적으로 실현될 수 있을지 아이디어를 토론하고 적어보라.

비전: 하나님 중심의 제자훈련이란 무엇인가?

나는 2019년 겨울에 짧은 안식년을 보냈다. 목회 사역의 첫 안식년이었는데, 가족과 내게 주어진 그 시간이 정말 감사하다. 나는 며칠 동안 타호(Tahoe) 호수에서 혼자 시간을 보냈는데, 그 시간을 쉼과 회복과 충전의 시간으로 사용하고 싶었다. 이전에도 타호 호수에 가본 적이 있었지만 그때는 특히 혼자 머물면서 하나님이 행하신 창조의 장엄함에 감동했다.

타호 호수는 내가 가본 곳 중 가장 아름다운 장소다. 아름다운 시에라네바다(Sierra Nevada) 산맥이 선명하면서도 푸른 하늘에 닿았다가 타로 호수 깊은 곳으로 치달려 내려간다. 나는 그 여행에서 타로 호수의 깊이가 500미터 가까이 되고, 오리건주 크레이터(Crater) 호수와 함께 미국에서 가장 깊은 호수 중 하나라는 것을 알게 되었다. 호수의 깊이가 풋볼 경기장 다섯 개 반을 합한 것과 같다니 정말 놀라웠다. 타호 호수는 전체 크기에 있어서만 오대호에 밀릴 뿐, 미국에서 가장 깊고 큰 호수

일 것이다. 배를 타고 호수 한가운데로 가면 산에서 내려온 물이 너무 맑아서 바닥이 없는 것처럼 느껴질 때도 있다. 그저 계속 깊어지고 깊어지고 깊어지는 것만 같다. 호숫가에 서 있든지 아니면 배에서 끝없이 맑고 푸른 물을 내려다보고 있든지, 그 호수는 끝이 보이지 않을 정도로 광대하고 또한 바닥도 보이지 않는다.

호숫가에 서 있는데, 문득 하박국 선지자가 하나님의 백성에게 전한 말씀이 생각났다. "이는 물이 바다를 덮음 같이 여호와의 영광을 인정하는 것이 세상에 가득함이니라"(합 2:14). 그는 하나님이 바벨론 제국을 사용해 자기 백성을 심판하실 거라고 말씀하셨을 때 이 구절을 썼다. 이스라엘 백성은 휘청거리고 있었고 우상숭배와 악을 자행하고 있었다. 그는 궁금했다. '이 세상에서 하나님의 목적은 무엇일까? 하나님의 목적이 참으로 있는 것일까? 포로 상태가 우리의 최종 운명일까? 이 모든 일은 어디로 향하는 것인가? 이 세상 역사의 목표는 무엇인가?'

선지자가 찾은 답은 이렇다. '언젠가 하늘과 산과 강과 협곡과 모든 피조물과 모든 민족 등 온 땅과 그 모든 부분이 주의 영광을 아는 지식으로 가득 차게 될 것이다.' 주의 영광을 아는 지식이 세상을 가득 채울 뿐만 아니라 물이 바다를 덮음 같이 만물을 가득 채울 것이다. 끝없이 깊고 무한하고 제한이 없으신 하나님이 그의 만물을 다 덮으실 것이다. 하나님의 임재로 인한 무한한 아름다움이 만물을 덮을 것이다.

이는 세상 역사가 어떻게 마칠지를 보여주는 놀라운 그림이다. 이스라엘 백성이 가장 어두운 심판의 순간을 지나는 가운데 그 선지자는 세상 역사가 하나님의 임재가 가득한 하나님 나라를 향하고 있음을 하나님의 백성에게 일깨워준다. 이것이 하나님이 지으신 이 세상의 미래며, 우리의 미래다. 우리의 가장 큰 소망, 즉 하나님의 임재 가운데 누리는 끝없는 즐거움이 언젠가는 현실이 될 것이다.

'무엇'보다는 '왜'를 살피라

사역 철학, 프로그램 및 모범 사례를 다루기 전에, 우리는 '무엇'보다는 '왜'를 살펴야 한다. 즉, 하나님의 영광을 우리 마음에 두어야 한다. 이 책의 주된 목적, 즉 우리 교회 안에 깊은 제자훈련을 뿌리내리는 목표는 우리와 우리가 인도하는 자들이 삼위일체 하나님의 무한한 아름다움을 보게 하는 데 있다. 사역의 성공은 프로그램을 만드는 데 있지 않고 마음과 목숨과 힘과 뜻을 다해 하나님을 사랑하는 제자들을 만드는 데 있다(눅 10:27). 우리의 목적은 더 멋지고 강력한 사역이 아니라 그리스도시다. 그분이 우리가 바라는 전부다.

하박국 선지자는 하나님의 무한한 영광이 만물을 덮을 미래의 날을 가리킨다. 그는 주의 영광을 아는 지식이 곧 깊은 제자훈련의 목표임을 우리에게 보여준다. 주의 영광을 인정하는 것이 제자훈련의 목표인 이유는 그것이 모든 세상 역사가 가리키는 미래이기 때문이다. 주의 영광을 인정하는 것은 깊은 제자훈련을 이끄는 힘이기도 하다. 그것이 힘인 이유는 주님의 임재만이 우리를 깊은 제자도에 이르게 하기 때문이다.

나는 단지 특정한 사역의 어떤 관행을 옹호하려는 것이 아니다. 나는 사역에서 우리의 가장 큰 소망은 하나님의 임재라고 본다. 하나님의 아름다움에 대한 이러한 비전은 특히 지역 교회에서 깊은 제자훈련의 동기를 부여한다. 우리가 원하는 것은 주님의 임재다. 우리에게 만족을 주는 것은 사역이 아니다. 오직 하나님이 우리의 만족이시다.

우리는 지금 그분을 원하고, 미래에도 그분을 원한다. 우리에게 임하는 주의 임재만이 우리가 깊은 제자도에 이를 수 있는 유일한 방법이다. 우리의 사역 목표는 하나님께서 우리를 그분의 무한한 임재와 한없는 아름다움과 한량없는 영광에 이끄시는 것이다. 삼위일체 하나님과의 교통이 우리가 향하는 곳이며, 그 교통이 우리가 깊은 제자도에 이르는 방법이다.

하나님이 바라시는 것은 언젠가 그분의 모든 피조물이 주의 영광을 아는 지식으로 가득 덮이는 것이다. 하나님은 모든 피조물이 주를 알도록 역사하신다.

주님을 따르는 자들은 지금 그 일에 동참하기를 원한다. 하나님의 목적이 궁극적으로 만물을 그분의 영광스러운 임재로 가득 채우는 것임을 확신한다면 지금 그 일에 동참하라. 예수님의 제자들은 모두 "주께서 하나님의 임재를 이 땅에 임하게 하신다면 나로부터 시작해 지금 임하여 주소서"라고 말해야 한다. 그것이 깊은 제자들의 본능적인 바람이다. 우리는 하나님의 영광을 아는 지식이 우리를 변화시키는 것을 내일로 미루고 싶어 하지 않는다. 제자훈련은 단지 미래만이 아니라 오늘을 위한 것이다. 우리에게는 장래에 있을 하나님의 임재를 간절히 바라볼 뿐 아니라, 오늘 당장 주의 영광을 아는 지식으로 온 세상이 가득 덮이기를 바라는 제자들과 지역 교회들이 필요하다. 때로는 그렇게 보이지 않을지라도, 이것이 세상 역사가 향하는 방향이며, 제자들은 이미 그 길을 가고 있다.

교회가 깊은 제자훈련의 비전을 키우고 발전시키려면 '무엇을 하느냐'보다 '왜 그 일을 하느냐'로 시작해야 한다. 만약 우리가 '왜'(즉, 하나님)에 대해 말하기 전에 프로그램이나 커리큘럼, 사역 철학 등 '무엇'에 대해 말하는 것으로 이 책을 시작한다면, 그것은 완전히 시간 낭비가 될 것이다. 하나님의 임재를 지향하지 않는 사역은 죽은 것이다. 깊은 제자훈련이 '무엇'을 하는 '이유'는 **하나님** 때문이다. 왜 깊은 제자훈련이 중요한가? 하나님이 중요하시기 때문이다. 하나님보다 더 아름답고 사랑스럽고 순수하고 무한한 것은 아무것도 없다. 헤르만 바빙크(Herman Bavinck)는 "하나님, 그리고 오직 하나님만이 인간의 최고 선이다"라고 정확히 옳은 말을 했다.[1]

나는 현대 교회에 주어진 최고의 기회는 하나님 중심의 제자훈련 비전을 혁신적으로 되찾는 것이라고 생각한다. 깊은 제자훈련은 사역의 실행이라기보다는 초월하신 하나님을 즐거워하는 것이다. 참된 제자훈련의 근원은 더 나은 프로그램, 더 나은 설교, 더 나은 교제가 아니다.

---

[1] Herman Bavinck, *The Wonderful Works of God* (Glenside, PA: Westminster Seminary Press, 2020), 1.

이 모두가 대단히 중요한 도구들이기는 하지만, 제자훈련의 근원은 오직 하나님 그분 자체이시다. 그러므로 우리가 행하는 모든 일의 중심에는 하나님에 대한 사랑과 지식에서 자라나기를 바라는 마음이 있어야 한다.

우리는 마음을 다하고 목숨을 다하고 뜻을 다해 주 하나님을 사랑하라는 부르심을 받았다(마 22:37). 그 위대한 계명은 실제로 '다하며'를 여러 차례 반복하면서 우리에게 하나님 외에는 다른 어떤 것도 아무런 가치가 없다는 것을 일깨워준다.

그렇다면 제자훈련이란, 사랑받으셔야 마땅한 하나님께로 우리의 사랑을 향하게 하는 것이다. 프로그램과 커리큘럼과 모임과 교제는 단지 우리가 그리스도와 더 깊은 관계를 갖도록 도울 뿐이다. 즉, 그것들은 우리의 사랑을 삼위일체 하나님을 향하도록 돕는 수단이어야 한다. 우리와 사역 그리고 교회에 주어진 소명은 모든 만물 가운데 나타날 하나님의 아름다움에 대한 성경의 비전을 되찾아 하나님 중심으로 나아가는 것이다.

깊은 제자훈련으로의 초청은 다음 50년이 아니라 영원한 나라로 이어지는 삶을 살도록 하는 초청이다. 그리고 우리의 전인격과 우리 교회, 그리고 우리 사역을 하나님 나라를 향하도록 하는 초청이다.

예수님은 요한복음 17장 3절에서 제자들이 영생을 얻도록 기도하신다. "영생은 곧 유일하신 참 하나님과 그가 보내신 자 예수 그리스도를 아는 것이니이다." 예수님은 항상 제자들에게 하나님에 대한 사랑과 지식에서 자라나는 일에 모든 삶을 집중해야 한다고 가르치신다. 존 칼빈은 "복된 삶의 최종 목표는 하나님을 아는 데 있다"고 말했다.[2]

이것이 하박국이 우리에게 준 비전이다. 즉, 모든 만물이 하나님을 충만하게 아는 것을 향하고 있다. 멋진 프로그램을 제시할지라도 근본적으로 하나님을 중심으로 하는 비전을 주지 못한다면, 우리는 비참하게 실패할 것이다. 다시 말해, 제자훈련의 생명은 커리큘럼이 아니며 프로그램도 아니다. 제자훈련의 생명은 하나님 그분이다. 하나님은 깊은 제자훈련의 목표시다.

이런 면을 생각할 때, 제자훈련은 단순한 프로그램이 아니라 세계관의 전반적인 방향 전환이다. 제자들은 하나님이 진정 누구신지, 우리가 누구인지, 그리고 하나님이 이 세상에서 무엇을 이루셨고, 지금 무엇을 하시며 장차 무엇을 하실 것인지를 알기 시작한다. 이처럼 세계관이 근본적으로 방향을 바꿀 때 제자들은 하나님을 중심으로 모든 것을 보기 시작한다.

교회의 참된 성장은 더 나은 프로그램, 더 나은 설교, 또는 더 나은 사역 철학에 있지 않다. 이 모든 것들이 중요하고, 교회는 이러한 것들에 있어서 탁월해지도록 노력해야 하지만, 근본적으로 하나님 중심적인 비전이 없다면, 우리가 얼마나 훌륭한 사역을 하는지는 중요하지 않다. 우리는 이 사실을 잊어서는 안 된다. 하나님의 무한한 힘을 공급받

---

2 John Calvin, *Calvin: Institutes of the Christian Religion*, Ford Lewis Battles 영역, vol. 1 (Louisville, KY: Westminster John Knox, 2001), 51.

지 못하는 거대한 사역은 가장 큰 비극이다. 우리의 장래를 위해 우리는 자신과 교회가 하나님 중심의 비전을 갖도록 재조정해야 한다. 하나님의 임재를 힘입지 않은 사역은 진정한 발전을 이루지 못한다. 하나님은 모든 피조물이 주님의 영광을 인정하도록 이 세상에서 역사하고 계신다. 교회의 역할은 하나님의 목적에 자신을 일치시키는 것이다.

사역자들과 성장하는 제자들이 읽게 될 제자훈련에 관한 이 책을 시작하며 가장 지적하고 싶은 것은 성경의 하나님을 바라보는 일을 이루어내지 못한다면, 아무리 멋진 사역 계획도 아무런 의미가 없다는 사실이다. 깊은 제자훈련은 특정 사역 철학을 따른 결과가 아니다. 만일 그렇다면 제자훈련은 매우 쉬울 것이다. 우리가 해야 할 일이 단지 커리큘럼을 작성하거나, 프로그램을 만들거나, 새로운 사역 구상에 대한 비전을 제시하는 것이라면, 대부분의 교회와 제자들은 이미 그런 일들에 익숙해져 있어서 훨씬 더 잘할 것이다. 프로그램과 공부와 사역 구상은 대단한 것이지만 깊은 제자훈련의 엔진도 아니고 목표도 아니다. 물론, 우리는 제자를 만들기 위해 이러한 요소들을 효율적이고 효과적으로 사용할 수 있다. 그러나 중요한 것은 '어떤 제자'를 만드는가 하는 것이다. 제자훈련을 위한 바른 목표와 이를 돕는 하나님의 도우심이 없다면, 교회가 세상에서 가장 멋진 사역을 하고 많은 제자를 만들어내더라도 그들이 예수님의 제자가 될 수는 없다.

깊은 제자들을 만드는 묘책 및 완벽한 사역 패러다임은 없다. 분명 우리는 이런 분야에서 탁월하기를 추구해야 한다. 그러나 우리의 초점이 하나님이 아닌 사역에 있다면, 우리는 결코 깊은 제자를 만들어내지 못할 것이다.

우리는 소그룹에 참여하는 회원 수와 수업에 참여하는 사람 수, 혹은 그들이 얼마나 많은 성경공부 과정을 수료했는가로 제자훈련을 평가할 수 없다. 진정한 제자훈련은 삼위일체 하나님을 중심으로 하는 세계관을 얼마나 갖추었는가로 평가될 수 있다. 제자훈련을 생각할 때 우리는 하나님을 중심으로 생각한다. 즉, 하나님이 제자훈련을 만드신 분이고 제자훈련의 원천이시며, 제자훈련의 목표이시다.

깊은 제자훈련에 대한 두 가지 도전

우리는 자신과 교회, 그리고 우리의 사역 철학을 깊은 제자훈련의 비전에 맞추어 조정하려 할 때 많은 도전을 받게 된다. 그 도전들은 이곳에 나열하기에는 너무 많다. 그러나 나는 일반적으로 겪게 되는 두 가지 심각한 도전을 강조하고 싶다. 이 도전들은 독특한데 그 이유는 종종 도전처럼 보이지 않고 대신 실제 제자훈련처럼 보이기 때문이다. 즉, 우리가 이 두 가지 도전을 인식하지 못하면, 우리는 자기도 모르게 사람들을 위험으로 이끌 수 있다. 이 두 가지 도전은 '자기중심'과 '무감각'이다. 교회가 깊은 제자를 만들고 싶다면, 이러한 도전이 얼마나 심각한지, 그리고 사람들이 그 도전을 통과하도록 어떻게 도와야 하는지를 알아야 한다.

'자기중심적' 제자훈련

교회가 당면한 가장 큰 도전 중 하나는 자아를 중심으로 하는 제자훈련이다. 서방은 모든 현실을 자아에 집중시키는 문화에 젖어 있다. 영성에 대한 사람들의 관심은 줄지 않지만, 사람들이 점점 더 관심을 갖는 것은 자아에 초점을 맞춘 영성이다. "하나님만이 인간의 최고선이다"라고 말한 바빙크의 주장은 "당신 자신에게 진실한 것만이 당신의 최고선이다"라고 외는 현대 문화의 주문(呪文)과 대조된다. 우리는 하나님의 초월성보다는 인간 자신의 초월성을 외치게 되었다.

이 문제는 현재의 우리 문화에서 분명하게 나타나지만 새롭게 등장한 문제는 아니다. 창세기 3장 이후부터 인간은 하나님이 아닌 인간이 끝없는 아름다움의 샘이라고 그릇되게 믿으면서 자기 자신에 대한 사랑과 지식을 최고선으로 보아 왔다. 자기중심적인 제자훈련에 따르면 구원은 하나님을 아는 데 있는 것이 아니라 자기를 발견하는 데 있다. 우리는 진정으로 자신을 발견하는 것만이 스트레스, 불안 및 혼란에 대한 해결책이라고 듣고 있지만 성경적인 제자훈련은 하나님에 대한 지식만이 진정한 해결책이라고 말한다.

이러한 자아 중심의 문화 가운데 교회는 의도적이든 그렇지 않든 이러한 문화를 수용하기 위해 제자훈련 전략을 바꾸었고, 심지어 그런 변화를 제자훈련 전략 내에 반영했다. 즉, 자기계발, 자아실현, 자기성장을 통해 구원을 얻을 수 있다는 세속주의적인 주장이 교회에서도 버젓이 팔리게 된 것이다. 데이비드 웰스(David Wells)는 그의 책 『신학 실

종: 세속화된 복음주의를 구출하라』(*No Place for Truth: Or, What Happened to Evangelical Theology?*)에서 하나님 중심의 제자훈련이 사라지고 자기중심적인 제자훈련이 나타났다고 말한다. 그는 우리가 "믿음의 대상이 하나님으로부터 자아로 옮겨진 것"을 볼 수 있다고 말한다.[3] 그는 이러한 신학적인 변화가 하나님이 누구시며, 제자훈련이 무엇이며, 교회의 역할이 무엇인지에 대해 심각한 혼란을 초래하게 되었다고 강조한다.

마태복음 16장에서 예수님은 자기계발이라는 관점의 제자훈련을 반박하셨다. 그 장의 핵심 내용은 빌립보 가이사랴에서 있던 놀라운 사건에 관한 것인데, 즉 예수님이 제자들에게 "사람들이 인자를 누구라 하느냐"라고 물으신 일이다(13절). 14절에서 예수님의 제자들이 대답한다. "더러는 세례 요한, 더러는 엘리야, 어떤 이는 예레미야나 선지자 중의 하나라 하나이다." 예수님은 다시 그들에게 동일한 질문을 하신다. "너희는 나를 누구라 하느냐"(15절). 이때 시몬 베드로가 그 유명한 대답을 한다. "주는 그리스도시요 살아 계신 하나님의 아들이시니이다"(16절). 그러자 예수님이 제자들에게 대답하셨다. "바요나 시몬아 네가 복이 있도다 이를 네게 알게 한 이는 혈육이 아니요 하늘에 계신 내 아버지시니라"(17절).

많은 설교들이 "너희는 나를 누구라 하느냐"라는 질문이 가장 중요한

---

[3] David F. Wells, *No Place for Truth: Or, Whatever Happened to Evangelical Theology?*, 1st ed. (Grand Rapids, MI: Eerdmans, 1994), 95; 데이비드 웰스, 『신학 실종: 세속화된 복음주의를 구출하라』, 김재영 역, 부흥과개혁사.

질문이라고 외친다. 예수님의 정체는 기독교 신앙의 중심에 있지만 나는 그것과 동등할 정도의 중요한 질문이 있다고 제안하고 싶다. 예수님은 제자들이 주님의 정체를 알게 되는 것에만 관심을 가지신 것이 아니다. 물론 베드로는 주님의 정체에 대해 바르게 이해했다. 하지만 주님은 그들이 주께서 무엇을 하러 오셨는지, 그리고 주를 따르기 위해 그들에게 요구되는 것이 무엇인지도 알기를 바라셨다.

예수님의 정체성과 그분이 행하신 일은 결코 분리될 수 없다. 우리의 정체성은 우리가 따라야 할 우리의 소명과 결코 분리될 수 없다.

이 장면 직후 본문은 "이 때로부터 예수 그리스도께서 자기가 예루살렘에 올라가 장로들과 대제사장들과 서기관들에게 많은 고난을 받고 죽임을 당하고 제삼일에 살아나야 할 것을 제자들에게 비로소 나타내시니"(21절)라고 말한다. 그러자 방금 예수님의 정체를 알아맞힌 베드로가 예수님을 책망하며 반대한다. 베드로에게 있어서 인간의 진정한 번영과 삶은 자아실현, 보존, 그리고 개선에 있었던 것이다. 그는 예수님이 왕이시라고 올바르게 대답했고 그 사실은 베드로에게 정말 좋은 소식이었다. 그는 예수님과 함께 다스리고 통치할 것에 대해 즐거워했다! 그러나 베드로가 생각했던 것과는 전혀 다른 일이 벌어진다고 하신다. 통치하기 위해 오신 그리스도께서 어떻게 십자가에서 죽으실 수 있단 말인가? 어쨌든 베드로는 예수님이 보좌에서 통치하실 것이라고 생각했고 자신도 주님과 함께 통치할 것이라고 생각했다. 이것이 그가 생각한 제자훈련인데, 곧 자기계발적 제자훈련이다.

예수님은 베드로의 생각과 전혀 다른 제자훈련을 구상하신다. 예수님이 십자가에서 죽으시고 베드로가 그곳으로 주님을 따라가야 한다면, 그것은 베드로의 자아실현에 방해가 될 것이다. 이것은 베드로가 원하는 바가 아니다. 예수님을 따라 십자가에 달리는 것은 베드로가 바라던 것이 아니다. 그는 하나님 나라에서 예수님과 함께 다스리기를 원하는데 어떻게 십자가가 관여된다고 생각할 수 있겠는가?

베드로의 자아에 대한 관점은 우리 시대 세속적인 이야기들뿐만 아니라 창세기 3장에서 시작되는 인간의 이야기, 즉 하나님과 분리된 우리의 정체성을 찾아야 한다는 이야기와 일치한다. 이에 예수님은 이 거짓 이야기에 맞서도록 베드로와 나머지 제자들에게 참된 제자도를 말씀하신다. "누구든지 나를 따라오려거든 자기를 부인하고 자기 십자가를 지고 나를 따를 것이니라 누구든지 제 목숨을 구원하고자 하면 잃을 것이요 누구든지 나를 위하여 제 목숨을 잃으면 찾으리라"(마 16:24-25).

예수님에 따르면, 제자도는 자기실현이나 자기보존에 관한 것이 아니라 자기부정에 관한 것이다. 우리는 자기 십자가를 지고 갈 때 자기 자신을 가장 잘 알게 될 것이다. 하나님의 나라가 우리의 삶을 다스리려면 자기실현의 환상이 십자가에 못 박히고 우리 자신이 세운 작은 왕국들이 다 무너져야 한다. 진정한 자기 인식은 자신이 원하는 바를 이루는 것을 통해서가 아니라 도리어 자신을 부인함으로써 얻어진다.

자기부인이 아닌 자기실현을 추구하는 제자훈련을 만들 때 우리는 예수님이 제자들에게 따르도록 하신 십자가의 길로 나가는 데 실패할 것이다. 제자훈련은 하나님에 대한 우리의 관점을 그릇되게 바꾸는 자아 추구가 아니다. 하나님을 추구하는 제자훈련은 우리 자신을 변화시킨다. 마태복음 16장은 그리스도와 그분의 사역을 분리시킬 수 없음을 보여준다. 또한 그리스도를 따르는 길은 자기계발이라는 자기 영광이 아닌 자기부인의 십자가를 짊어지는 것임을 보여준다. "우리는 우리를 전파하는 것이 아니라 오직 그리스도 예수의 주 되신 것과 또 예수를 위하여 우리가 너희의 종 된 것을 전파함이라"(고후 4:5). 제자들은 점점 그리스도에게 사로잡히면서 서서히 스스로에게서 눈을 떼는 법을 배워 나간다.

그렇다면, 제자훈련이 자신에게 집중하는 것이어야 한다는 거짓말에 속아 넘어가는 때는 언제일까? 교회와 사역이 사람들에게 그들에게 필요한 것 대신에 그들이 원하는 것을 제공하기 시작하는 때부터다. 제자들이 하나님의 속성보다는 성격 유형 테스트인 에니어그램(Enneagram)에 대해 더 많은 철저한 지식을 가지게 되는 때다. 제자들이 복음서보다는 일반적인 경건 서적을 더 많이 읽는 때다. 제자들이 성경 본문이나 기독교의 기본 교리에 대한 지식보다 도리어 정치, 스포츠 또는 오락에 대해 더 많은 지식을 갖는 때다. 제자들이 기본적인 영적 훈련보다 디지털 시대 세속주의의 관행과 습관에 더 많은 영향을 받는 때다.

그렇다면 자기중심적인 제자훈련이 만연한 상황에서 우리는 자신과 교회를 어떻게 보호할 것인가? 우리는 하나님이 누구시고 우리가 누구인지에 대해 다시 살펴볼 필요가 있다. 우리의 지역 교회들은 하나님의 성품과 본성을 아는 데 집중할 필요가 있다. 자기부인은 우리가 내 자신이 아닌 하나님을 붙들 때만 의미가 있다.

신학의 역사에서 가장 많이 인용되는 책 중 하나는 존 칼빈의 『기독교 강요』(Institutes of the Christian Religion)다. 이 위대한 작품의 시작 부분에서 그는 "우리가 가진 거의 모든 지혜, 즉 참되고 건전한 지혜는 두 부분을 포함하는데, 그것은 하나님을 아는 지식과 우리 자신을 아는 지식이다"라고 말한다.[4] 제자훈련은 하나님이 누구신지, 그리고 우리가 누구인지를 아는 방향으로 재조정되어야 한다. 하나님은 창조주시며, 우리는 그분의 피조물이다. 하나님은 완벽하시고, 우리는 그분의 형상을 지닌 자로서 아름답지만, 죄인이기에 그 형상이 망가져 있다. 그분이 구원자시라는 것, 그리고 우리는 구원이 필요하다는 것을 알려야 한다. 하지만 많은 사람이 칼빈의 이 말을 인용해 그가 결코 의도하지 않은 방식으로 적용하고 있다. 나는 사람들이 이 문구를 들어 자기계발적 제자훈련을 정당화하는 주장을 자주 듣는다. 칼빈은 우리의 관심을 우리 자신이 아닌 하나님께 돌리려고 노력했다. 그래야만 우리가 그분을 절실히 필요로 하기 때문이다.

나는 다이아몬드 약혼반지를 사러 갔던 때를 아직도 기억한다. 그때 나는 어찌할 바를 몰랐다. 그 보석상은 다이아몬드를 사는 법을 알려면 보석학 석사학위 정도는 따야 할 것처럼 굴었다. 그 보석상이 컷팅

---

4 Calvin, *Institutes of the Christian Religion*, 1:35; 존 칼빈, 『기독교 강요』, 1:35.

등급, 컬러, 선명도, 캐럿을 설명하는 것을 듣고 나는 전시된 다이아몬드 반지들을 훑어보기 시작했다. 나는 대학 4학년생의 예산으로 쇼핑을 하고 있었는데, 다이아몬드 반지를 사기에는 좀 빠듯하다고 느꼈다. 솔직히 내가 보고 있던 다이아몬드는 그 가격에 비해 그다지 멋져 보이지 않았다. 그러자 보석상은 핀셋으로 케이스에서 다이아몬드 반지를 꺼내 검정 천 위에 놓고, 그 다이아몬드를 자세히 보라며 돋보기 렌즈를 내게 주었다. 나는 불현듯 그 다이아몬드의 고유한 아름다움과 완벽함을 분명하게 볼 수 있었다. 내 눈으로 볼 수 없었던 것이 갑자기 눈이 부실 정도로 분명하게 드러났다.

다시 말해 칼빈은 연구하고 알고 확대해볼 만한 두 개의 다이아몬드, 즉 하나님과 인간이 있다고 말한 것이 아니다. 그는 하나의 다이아몬드, 즉 하나님만이 확대할 가치가 있으며 우리는 배경으로 놓인 검은 천이라고 말한다. 그러므로 우리의 임무는 나 자신이 아니라 하나님을 크게 드러내 보이는 것이다.

깊은 제자훈련은 내가 제2의 다이아몬드가 아니라는 인식을 가질 때 가능하다. 우리는 단지 진정한 다이아몬드가 얼마나 아름다운지를 보여주기 위해 있는 검은 천일뿐이다. 인간으로서 우리의 본능은 우리가 얼마나 위대한지를 드러내고 싶어 하지만, 그리스도를 따르는 자로서 우리는 "오, 나로 인해 주님만이 크게 드러나길 원합니다. 다 같이 주의 이름을 높이세!"(시 34:3 참조)라고 선포하는 법을 배워야 한다. 기독교는 자기 개선의 종교가 아니다. 기독교는 자기를 부인하는 제자훈련 프로그램이다. 제자들은 하나님이 창조주시고 우리는 단지 피조물이라는 사실을 점점 더 알아가면서 자기를 감추고 주를 드러내는 훈련을 하는 견습생이다.

사역 철학을 넘어서는 깊은 제자훈련은 교회가 선한 삶에 대해 새롭게 이해하도록 돕는다. 사람들은 선한 삶에 대한 온갖 종류의 비전에 속고 있다. 그들은 책, 미디어, 팟캐스트를 통해 선한 삶에 대한 이해를 갖는다. 기독교 신앙은 선한 삶은 하나님과 함께 시작하고 하나님과 함께 끝난다고 말한다. 기독교 신앙은 하나님보다 선한 것이 없으며, 하나님이 그리스도와 복음 안에서 우리에게 자신을 주셨다는 사상으로 시작하고 마친다. 교회가 하나님을 붙들면, 문화적 제자훈련의 기독교 버전, 자기실현, 자기계발에 안주할 수 없게 된다. 깊은 제자훈련의 중심에는 하나님을 더 원하고 자신을 덜 드러내려는 반복되는 절제가 있다. 우리 자신과 우리가 인도하는 사람들은 세례 요한의 고백을 할 수 있어야 한다. "그는 흥하여야 하겠고 나는 쇠하여야 하리라." 이것이 예수님이 빌립보 가이사랴에서 베드로에게 가르치신 교훈이다. 제자훈련은 스스로 왕이 되려는 자기중심적인 자기계발이 아니라 십자가로 인도하는 자기부인의 훈련이다.

영적 무감각

교회가 직면하는 두 번째 주요 도전은 영적 무감각에 부응하는 제자훈련이나 사역 프로그램이다. 우리는 예수님께 싫증을 느끼게 하면서 교회에는 싫증을 느끼게 하지 않는 그런 종류의 제자훈련을 수용할 수 없다. 교회는 무감각보다는 배교를 더 염려하지만, 이 둘 모두 그리스도와의 활기찬 동행을 막는 치명적인 요소다. 우리의 사역이 예수님의 아름다움을 나타내기보다 사람들의 관심을 유지하는 데 있다면 우리는 이미 실패한 것이다. 참된 그리스도를 나타낼 때 사람들이 싫증을 느끼게 된다는 것은 불가능하다.

많은 교회 지도자들처럼 사람들은 예수님께 싫증을 느낀다. 그 이유 중 하나는 무기력한 문화적 기독교를 수용했기 때문이다. 그런 기독교는 예수님의 제자들에게 활력을 줄 수 없다.

문화적 기독교의 메시지는 하나님이 단지 우리에게 '좋은 것을 주신다'고 말한다. 성경적 기독교의 메시지는 하나님이 우리에게 '선하시다'고 말한다. 문화적 기독교의 메시지는 하나님이 주신 선물들을 추구해야 한다고 말한다. 성경적 기독교의 메시지는 하나님의 '선하심'을 구해야 한다고 말한다. 문화적 기독교의 메시지는 우리가 공급을 제대로 받으려면 하나님을 찾아야 한다고 말한다. 성경적 기독교의 메시지는 하나님이 바로 '우리의 공급'이시라고 말한다. 문화적 기독교의 메시지는 무언가를 얻기 위해 하나님을 찾아야 한다고 말하고, 성경적 기독교의 메시지는 '최고의 것(하나님 그분)을 얻기 위해 하나님을 찾아야 한다'고 말한다.

이 두 신학의 차이점이 무엇인지 알겠는가? 문화적 기독교의 메시지와 깊고 성경적이며 통합적인 제자훈련의 메시지는 서로 상충되며 조화될 수 없다. 목사로서 가장 두려워하는 것 중 하나는 사람들이 예수님께 싫증을 느끼면서 교회에 만족할 수 있다는 사실이다. 나를 두렵게 하는 것은 사람들이 그리스도의 인격과 사역에 영적으로 무감각하면서 설교를 즐기고, 소그룹 사역에 참여하고, 많은 팀 중 하나에서 봉사하면서 맘껏 만족할 수 있다는 사실이다.

이 두 가지 경쟁적인 비전은 지역 교회의 제자훈련에 실제적인 영향을 미친다. 제자훈련은 하나님이 누구신지에 대한 우리의 신앙에 힘입어 이루어진다. 문화적 기독교의 메시지와 성경적 기독교의 메시지는 근본적으로 대립 관계에 있지만, 안타깝게도 문화적 기독교의 메시지가 교회의 대다수 사람에게 영향을 미치고 있다.

골로새 교회에서 이와 유사한 일이 벌어지고 있었다. 모든 면에서 그들은 비교적 건강한 교회였다. 바울은 그들에게 감사를 표현하며 편지를 시작한다(골 1:3). 그는 그들이 계속 영적인 열매를 맺으며 성장하기를 격려한다(9-12절). 그리고 그들에게 복음의 기본 진리를 상기시킨다(13-14절). 그 후 그는 그리스도와 그분의 사역에 관심을 돌린다(15-23절). 이는 골로새 교회가 그리스도에 대해 무감각해지고 있었기 때문이다. 그들은 사역이나 교회에 대해 무관심하지 않았지만 예수님보다는 다른 영적인 것들에 점점 더 많은 관심을 갖고 있었다. 사역에는 관심이 있지만 그리스도께 무관심해질 때 그것은 위험한 상태에 놓인 것이다.

골로새 교회는 천사, 마귀, 영적인 능력과 같은 영적인 일들에 큰 관심을 두고 있었다. 또 가시적인 왕권이나 주권이나 통치자들에게 관심을 두는 다른 집단의 사람들도 있었다. 이들은 이러한 보이는 피조물 및 보이지 않는 피조물을 그리스도의 수준까지 높이고 있었다. 그래서 바울은 그들에게 예수님이 누구신지(즉, 그분은 보이지 않는 하나님의 형상이시다), 그리고 그분이 행하신 일(보이는 것과 보이지 않는 모든 것을 지으심)이 무엇인지를 일깨워준다. 이것이 바로 바울이 그리스도에 대해 무감각하지만 여전히 영적으로 굶주린 교회에게 말한 내용이다.

> "그는 보이지 아니하는 하나님의 형상이시요 모든 피조물보다 먼저 나신 이시니 만물이 그에게서 창조되되 하늘과 땅에서 보이는 것들과 보이지 않는 것들과 혹은 왕권들이나 주권들이나 통치자들이나 권세들이나 만물이 다 그로 말미암고 그를 위하여 창조되었고 또한 그가 만물보다 먼저 계시고 만물이 그 안에 함께 섰느니라 그는 몸인 교회의 머리시라 그가 근본이시요 죽은 자들 가운데서 먼저 나신 이시니 이는 친히 만물의 으뜸이 되려 하심이요"(골 1:15-18).

바울은 모든 것이 예수님에 관한 것이라는 사실을 그들에게 상기시키려고 노력하고 있다. 교회가 든든한 예산과 역동적인 예배, 당면한 문제와 관련한 설교, 최신 리더십 이론 및 번창하는 가족 사역을 갖추었더라도 여전히 그리스도의 제자를 세우는 주요 사명에서 얼마든지 실패할 수 있다. 바울은 그리스도의 탁월함을 그들에게 상기시킴으로써 그리스도에 대한 그들의 무관심을 바로잡고 있다. 그는 우리가 모든 일에 있어서 그리스도의 탁월함 이외의 것으로 잘 알려진다면 우리는 실패한 것이라고 지역 교회에 부드럽게 상기시킨다. 우리가 그리스도께 무관심해지면 우리는 다른 영적인 대체물을 찾아 그것으로 사역하고자 할 것이다. 그러나 바울은 우리가 그리스도의 탁월함을 기억할 때 무감각이 고쳐진다고 말한다.

우리는 그리스도에 대한 배교가 실제로 일어나는 그런 문화적인 시대에 살고 있다. 한때 그리스도를 주로 고백하던 많은 사람이 그분에게서 멀어지고 있으며 앞으로도 더욱 그럴 것이다. 배교는 교회에 실제적인 위험이지만 무감각도 똑같이 위험하다. 그리스도에 대한 무관심은 보이는 피조물 및 보이지 않는 피조물을 제자훈련보다 더 높이 두는 기독교를 만들어낸다.

이런 기독교는 예수님과 정치, 예수님과 사업, 예수님과 스포츠, 예수님과 건강, 예수님과 재정, 예수님과 커피, 예수님과 사회 공동체, 예수님과 여러 형태의 영성 등의 모습으로 나타난다. 우리가 눈에 보이는 피조물이든, 보이지 않는 피조물이든 그것들을 드높일 때 우리는 그것들을 그리스도께로 이끄는 것이 아니라 그리스도를 그것들 수준으로 끌어내리는 것이다. 우리는 그리스도께만 마땅히 드려야 하는 명예와 영광을 그분께 드리고 있지 않다.

우리의 다른 목표를 위해 맞추어진 '예수'는 결코 깊은 제자를 만들어내지 못한다. 맞추어진 '예수'는 따를 가치가 없다. 무감각해진 교회를 위한 가장 좋은 묘약은 그들에게 그리스도의 위엄을 소개하는 것이다. 이것이 바로 바울이 골로새 교회에 편지하며 의도했던 것이다. "그는 보이지 아니하는 하나님의 형상이시오"(골 1:15). 그리스도께서 누구신지, 그분이 행하신 일과 하시고 있는 일, 그리고 장차 하겠다고 약속하신 일에 대한 경외심을 결코 잃지 말라. 그분은 보이지 않는 하나님의 형상이시다. 그분은 모든 만물의 창조주시다. 그분은 알파와 오메가시다. 그분은 만물을 유지하신다. 그분은 교회의 머리시며 부활이요 생명이시다. 그분은 전능한 하나님이시다.

제자도는 모든 만물 위에 뛰어나신 그리스도의 주권을 배우는 것이다. 제자도는 모든 삶을 통해 예수님과 진정으로 동행하는 것이다.[5] 마귀의 계략은 사람들이 그리스도에 대한 신앙을 포기하도록 만드는 것이지만, 마귀의 또 다른 계략은 그들이 단지 그리스도께 점점 더 싫증을 느끼게 하는 것이다. 사탄은 우리가 그리스도로부터 눈을 떼도록 무슨 짓이든 할 것이다. 사탄은 우리나 교회가 하나님 나라에서 무용지물이 되게 하기 위해 꼭 예수님을 부인하도록 만들 필요가 없다. 그저 우리가 예수님께 싫증을 느끼게 하면 우리는 하나님 나라에서 무용지물이 될 것이다.

깊은 제자훈련은 근본적으로 모든 비전을 하나님 중심, 그리고 그리스도 중심에 둔다. 우리가 그리스도와 동행하며 성장하고자 노력할 때,

---

[5] Kevin J. Vanhoozer, *Hearers and Doers: A Pastor's Guide to Making Disciples through Scripture and Doctrine* (Bellingham, WA: Lexham Press, 2019), 60; 케빈 밴후저, 『들음과 행함』, 박세혁 역, 복있는사람.

또는 다른 사람들의 믿음이 깊어지도록 그들을 돕기 위해 노력할 때 우리가 저지르는 가장 큰 실수 중 하나는 예수님 외에 다른 많은 것을 주려고 하는 것이다. 참된 제자훈련은 예수님 외에 다른 많은 것을 얻는 것이 아니라 예수님을 더 많이 얻는 것이다. 우리의 사역은 오직 그리스도께서 모든 영광을 얻으실 때 가치가 있다.

지역 교회가 사람들에게 깊은 제자도를 소개하는 것은 무한하신 하나님을 즐기라는 초대이며, 물이 바다를 덮음 같이 그분의 영광을 아는 지식으로 교회를 가득 채우라는 초대다. 패커(J. I. Packer)는 제자도에 대한 중요한 질문을 한다. "우리는 무엇을 위해 지음 받았는가? 우리는 삶에서 어떤 목표를 세워야 하는가?" 이 두 질문에 대한 그의 답변은 하나님을 알기 위해서라고 말한다.[6] 그는 절대적으로 옳다. 우리가 패커의 말을 믿는다면, 우리 역시 이런 질문을 해야 한다. "어떤 구조를 취해야 우리 교회와 사역이 사람들을 도와 그 목표에 이르도록 할 수 있을까?"

하나님이 어떤 분이신지 주님이 말씀하신 그대로라면, 깊은 제자도보다 더 가치 있는 일은 아무것도 없다. 모든 사람은 누군가의 제자이지만, 오직 삼위일체 하나님만이 깊고 통합적인 영원한 교제로 우리를 초대하신다. 이 책을 통해 내가 갖는 가장 큰 소망 중 하나는 우리의 교회가 사역 철학을 훨씬 뛰어넘어 하나님이 누구신지를 알게 되는 것이

---

6 J. I. Packer, *Knowing God*, 20th anniversary ed. (Downers Grove, IL: InterVarsity Press, 1993), 33; 제임스 패커, 『하나님을 아는 지식』, 정옥배 역, IVP.

다. 그분은 우리의 상상을 초월하는 아름다운 분이시다. 자기계발에 맞춰져 있거나 영적 무감각에 부응하는 제자훈련은 우리가 하나님을 바르게 알 때 자취를 감출 것이다.

우리가 삼위일체 하나님 안에서만 찾을 수 있는 무한한 아름다움 속으로 사람들을 초대하겠다는 의도를 가지고 지역 교회의 제자훈련 전략을 짜지 않는다면, 우리의 질병은 더욱 악화될 것이다. 깊은 제자훈련의 목표는 교회, 설교, 소그룹, 공부, 어린이 사역이 무엇보다도 삼위일체 하나님의 아름다움에 다시 한번 사로잡히는 것이다. 깊은 제자훈련의 바탕은, 하나님이 교회를 위해 단지 사상이나 계획이나 사역 철학을 주시는 것이 아니라 그분 자신을 주신다는 영광스러운 진리다. 하나님은 깊은 제자훈련의 목표이며 수단이시다. 그분은 우리가 향하는 목표이며 우리가 그 목표에 이르는 방법이시다.

우리가 제자훈련의 여정에서 이제 막 얕은 해변에 들어섰든, 아니면 더욱 깊은 곳으로 헤엄쳐 들어가 성숙한 그리스도인이 되기를 바라든 우리는 더 많은 것을 원한다. 예수님 외에 다른 많은 것을 원하는 것이 아니라 예수님을 더 원한다. 그분이 단지 우리에게 좋은 것을 주시기 때문이 아니라, 그분이 우리에게 선하시기 때문에 우리는 그분을 더욱 원한다. 이것이 가장 중요하다.

하나님은 무궁무진하시기에 제자훈련 역시 깊어야 한다. 참으로 한량없는 그분의 선하심은 풍성하고 깊은 교제로 교회를 초대하신다. 우리는 결코 하나님의 한없는 아름다움에 지루함을 느낄 수 없다. 우리는 바울과 함께 선포한다. "깊도다 하나님의 지혜와 지식의 풍성함이여, 그의 판단은 헤아리지 못할 것이며 그의 길은 찾지 못할 것이로다"(롬 11:33). 통합적인 깊은 제자훈련으로의 초대는 무엇보다도 우리에게 최고선이신 하나님을 만나 그분을 알아가라는 초대이다.

핵심 정리

1. 하나님이 바라시는 것은 언젠가 주님의 영광을 아는 지식이 그분의 피조물을 완전히 덮는 것이다. 그것이 깊은 제자훈련의 주된 목표로서 우리 자신 및 우리가 인도하는 자들을 하나님의 무한한 아름다움을 아는 지식으로 나아가게 하는 것이다.

2. 제자훈련은 단지 하나의 프로그램이 아니라 세계관의 총체적인 방향 전환이다. 우리는 제자훈련을 통해 하나님이 어떤 분이신지, 우리가 누구인지, 하나님이 이 세상에서 행하신 일이 무엇인지, 무엇을 행하고 계시는지, 무엇을 행하실 것인지를 알기 시작한다.

3. 깊은 제자훈련에는 두 가지 주요 도전이 있다. 자기중심적인 제자훈련과 영적 무감각에 부응하는 제자훈련이다. 자기중심적인 제자훈련은 하나님을 아는 데서 구원을 찾지 않고 자기 자신을 알고 자신에게 충실한 데서 찾으려고 한다. 영적 무감각에 부응하는 제자훈련은 교회에 싫증을 느끼지 않으면서도 예수님께 싫증을 느끼는 것을 방치하는 그런 종류의 제자훈련이다.

토론을 위한 질문

1. 하나님 중심의 제자훈련 비전은 다른 패러다임들과 어떻게 다른가?
2. 만약 당신의 교회를 정직하게 평가한다면 당신의 제자훈련은 하나님 중심이라고 말할 수 있는가? 아니면 다른 어떤 것(사람 중심, 오락 중심, 도덕 중심 등)에 의해 운영되는 제자훈련인가?
3. 교회에서 제자훈련의 두 가지 주요 도전 중 하나, 또는 두 가지 모두에 직면한 적 있는가? 그런 적이 있다면 당신은 그러한 도전에 어떻게 반응했는가?

적용하기

1. 하박국 2장 14절을 읽으라. 당신의 교회가 "물이 바다를 덮음 같이 여호와의 영광을 아는 지식으로 가득해지도록" 기도하는 시간을 가지라.
2. 교회의 다양한 프로그램과 사역을 살펴보라. 얼마나 많은 프로그램과 사역이 하나님 중심의 제자훈련과 함께 운영되고 있는가?
3. 제자훈련에 대한 주요 도전 중 무엇이 당신의 교회에 더 큰 위협이 되는가? 이 도전에 맞서 하나님의 도우심을 구하고, 사랑과 은혜로 그 도전을 바로잡고 새로운 방향을 세울 수 있도록 몇 가지 방법을 구상하라.

교회: 온전한 제자훈련은 어디에서 이루어지는가?

나는 자라면서 주님을 알지 못했다. 나는 안전하고 사랑 많은 가정에서 훌륭한 부모님 손에 자랐지만, 내 기억에는 결코 복음을 들은 적도 없고 복음을 이해한 적도 없었다. 나는 때때로 교회에 갔고, 어느 시점에는 심지어 등록 교인까지 되었지만 복음을 확실히 이해하거나 그리스도와 살아있는 관계 안에 있지는 않았다. 어렸을 때 내 방에는 성경책이 있었는데 가끔 성경을 읽었던 기억이 난다. 그러나 많은 사람들처럼 나는 레위기나 민수기 즈음에서 혼란을 느끼며 성경책을 내려놓고는 했다.

대학에 들어가서 나는 낯선 룸메이트와 함께 지내게 되었다. 처음 몇 주가 지난 후 그는 신입생 기숙사 지하에 있는 세탁실에서 성경공부를 하자고 나를 초대했다. 나는 대학 1학년의 매 화요일 밤을 다른 신입생들과 함께 성경을 공부하며 지내고 싶지 않았다. 그리고 기숙사 지하의 세탁실은 성경공부를 하기에 너무 이상한 장소였다!

매주 월요일이나 화요일에 그는 나에게 "이번 주에 나와 함께 성경공부하러 가지 않을래?"라고 묻곤 했다. 나는 처음 몇 주 동안 그의 부탁을 거절했지만, 이대로는 그가 부탁을 멈추지 않을 것 같아서 딱 한 번만 가보자고 결심했다.

우리는 함께 지하실로 내려갔고, 나는 입교 때 받은 청소년 스터디 성경책을 가져갔다. 솔직히 말하면, 두려웠다. 한편으로는 위선자로 비칠까 봐 두려웠고 다른 한편으로는 환영받지 못할까 봐 두려웠다. 또는 대답할 수 없는 질문을 받을까 봐 두려웠다. 처음 몇 분 동안 우리는 일상적인 대화를 나누었고, 그다음은 어색함을 누그러뜨리는 활동을 했다. 그 후 자리에 앉자, 주위의 모든 사람이 성경책을 움켜잡았다. 그리고 요나서를 펴라는 말을 들었다.

나는 당황했다.

나는 요나서에 대해 '들어본 적'이 없었다. '요나서를 대체 어디서 찾아야 하는 거야? 시편이나 복음서로 성경공부를 하면 안 되나? 그런 것들은 찾을 수 있겠는데 요나서라니?' 나는 조용히 성경책을 훑어보려 했지만, 불행하게도 요나서는 작은 책이라서 찾을 수가 없었다. 나는 난처해지면서 당황하기 시작했다. '내가 가진 성경책에는 요나서가 없나? 다른 사람들의 성경책에만 추가된 것이 아닐까? 이 모임은 사이비 이단 모임인가?' 나는 요나서를 찾은 척하고 성경을 보고 있으려다가 그러지 않기로 했다. 들킬 것이 뻔했다. 결국, 내 옆자리에 있던 2학년생 네이트(Nate)라는 리더가 이를 알아차렸다. 그는 나를 어색하게 만들

지도 않고 위선자처럼 여기지도 않으면서 그의 손가락으로 내 성경에서 요나서를 찾아주었다. 그러자 불안이 가라앉았다.

나는 그다음에 일어난 일을 결코 잊지 못할 것이다. 나는 처음으로 하나님이 은혜로우신 분이라는 말을 들었다. 하나님은 그분의 직접적인 명령에 반항적으로 불순종한 선지자에게 은혜를 베푸셨다. '어떻게 이럴 수가 있을까?' 내 생각에 불복종에 대한 유일하고 적절한 대응은 규율과 비판이었다. 이것도 요나 이야기의 일부분이라는 것을 알게 되고, 하나님의 은혜에 더욱 놀랐다. 하나님은 죄인들에게 은혜를 베푸시는가? 요나는 하나님께 노골적으로 불순종하는 상황에서도 여전히 은혜와 용서를 받았다. 더 놀라운 것은 그가 다른 사람들에게 하나님의 은혜를 선포하도록 부르심을 받았다는 사실이다. 이 메시지는 나에게 큰 충격을 주었다. 나는 그런 은혜가 모든 사람에게 주어질 수 있는지 궁금해지기 시작했다. 그렇다면 나 같은 사람도 그 은혜를 받을 수 있다는 것일까?

그다음 날 성경공부를 인도하던 그 2학년 학생은 학생회관에서 함께 점심을 먹으며 어제 배운 내용을 이야기하자고 제안했다. 그는 내가 어제 배운 내용을 잘 이해하지 못했지만 성경의 나머지 부분에 관심을 갖게 된 사실을 알아채고 있었다. 우리는 버거킹에서 햄버거를 포장해와 콜로라도 주립대학의 학생회관에 함께 앉았다. 내가 햄버거를 먹는데 그는 '네 가지 영적 법칙'이라는 제목의 작은 소책자를 꺼냈다. 그는 "자, 이 책을 같이 읽자"라고 말한 후 정말 전혀 설득력이 없는 방법으로 복음을 제시했다. 다만 그는 진지하게 "내가 너와 이 책을 함께 읽을게"라고 말했다.

나는 그가 그 소책자를 읽으면서 긴장하는 것을 느꼈다. 그는 "첫째, 하나님은 당신을 사랑하시며 그분을 인격적으로 알도록 당신을 창조하셨다"라고 말했다. 그는 고개를 들지 않고 페이지를 넘기며 "둘째, 사람은 죄가 있고 하나님과 분리되어 있어서 그분을 인격적으로 알거나 그분의 사랑을 경험할 수 없다"라고 말했다. 그가 잠시 고개를 들었을 때 나는 그의 긴장을 풀어주려고 질문 하나를 하려고 했지만, 그는 내가 말을 꺼내기도 전에 계속 읽었다. "셋째, 예수 그리스도는 인간의 죄 문제를 해결해 주시기 위해 하나님이 보내신 유일한 분이다. 우리는 그분을 통해서만 하나님을 인격적으로 알 수 있고 하나님의 사랑을 체험할 수 있다." 이 부분은 내가 그에게 묻고 싶었던 가장 관심이 있는 부분이었다. 나는 그가 거기서 멈추리라 생각했지만 그는 계속 읽었다. "넷째, 우리는 각각 예수 그리스도를 주와 구세주로 영접해야 하며, 그러면 우리는 하나님을 인격적으로 알 수 있고 그분의 사랑을 체험할 수 있다." 그 순간 나는 예수님을 처음으로 만났다. 햄버거를 입에 문 채 나는 예수 그리스도께 "네"라고 말하며 나의 주와 구세주로 모셨다.

이 사건이 보여주는 것이 있다면, 복음 전도 방법이 사람들을 구원하는 것이 아니라는 사실이다. 하나님이 구원하신다. 성경으로 학생들을 제자 삼고 복음을 나누라는 말씀에 순종한 서툰 2학년 대학생의 신실함 때문에 나는 믿음을 갖게 되었다.

나는 그 후 몇 년 동안 캠퍼스 사역 및 교회 사역을 하면서 그리스도인이 된다는 것이 무엇인지 알고자 노력했다. 나는 제자도와 관련한 것이면 무엇이든 구입해 소화했다. 나는 필사적으로 제자로 빚어지기를 바랐고 성장하기를 원했다. 나는 몇 번의 선교 여행을 다녀왔고, 캠퍼스 사역을 통해 나의 믿음을 나누는 법을 배웠다. 또한 캠퍼스 사역을 하다가 훗날에 아내가 될 사람을 만났다. 훗날 장모가 될 분은 그 당시 나를 "영적 스펀지"라고 불렀다.

내가 주목하게 된 한 가지는 수년 동안 주님과 함께 걸어온 많은 그리스도인 친구들이 영적 성장에 관심이 없어 보였다는 사실이다. 그들 대부분은 자신의 현재 신앙 상태에 만족하고 있었고 더 성장하는 것에 대해 관심을 나타내지 않았다.

대학을 졸업할 무렵, 나는 내 성장이 위축된 것을 느꼈다. 나도 내 친구들처럼 신앙 성장에 있어서 어려움을 겪었다. 벌써 그리스도인이 된 지 거의 4년이 되었는데 성장 및 발달, 성숙에 있어서 내가 원하는 만큼 이르지 못했다고 느꼈다. 나는 성경을 읽고 이해하는 방법을 알고 싶었다. 신앙의 기초를 알고 싶었다. 기본적인 영적 훈련을 실천하는 법을 알고 싶었다. 기본적으로 내가 어떻게 그리스도인으로 성장할 수 있는지를 알고 싶었다. 하지만 나를 인도할 사람이 없었다.

나는 내가 받은 제자훈련이 교회 밖에서 행해졌기 때문에 목표가 없다는 생각이 들었다. 이때까지 나의 성장과 발전은 교회 밖에서 일어났다. 이제부터는 교회가 성경 이야기, 신앙의 기초, 기본적인 영적 훈련을 배우기 위한 다음 단계를 밟는 장소가 되기를 바랐다. 지역 교회는 역시 이러한 것들을 찾을 수 있는 곳이었다.

"신학교에 들어가는 게 좋겠어"

아내와 나는 존경하는 목사님께 결혼 상담을 받고 있었다. 그는 우리에게 직업, 가족 등에 대한 장래 계획을 물었다. 그는 구체적으로 물었다. "대학 졸업하면 무엇을 할 건가?" 나는 "잘 모르겠어요. 하지만 지금 제게 가장 중요한 것은 그리스도와의 관계가 깊어지는 것입니다"라고 대답했다.

그 대화를 돌이켜볼 때 나는 사역에 부르심을 받았다고 말한 것이 아니었다. 다만 성숙한 그리스도인이 되는 더 깊은 제자훈련을 받고 싶다고 말한 것이었다. 나는 그에게 나의 미래 직업이 무엇이든 나의 최우선 과제는 그리스도와의 관계가 깊어지는 것이라고 말하려고 했다. 지금 돌아보니, 나는 깊은 제자도를 원한다고 말하려던 것이었다. 나는 내가 무슨 직업을 가질 것인지보다 어떤 사람이 되는지에 더 관심이 있었다.

목사님은 약간 놀란 표정을 지으며 말했다. "아, 정말로 성장하고 싶은 거구나. 그러려면 신학교에 가야 해." 나는 대답했다. "신학교요?" 나는 기독교 문화권 밖에서 자랐기 때문에 신학교에 대해 들어본 적이 없었다. 그런데도 나는 목사님의 대답을 듣고 의아해했다. 왜 교회에서 이런 것을 훈련받고 성장할 수 없는 것일까? 교회가 제자훈련을 해야 마땅한 것 아닌가? 목사가 그 일을 해야 하는 것이 아닌가?

돌이켜보면, 그 대화는 오늘날 대부분의 미국 그리스도인들이 믿는 가장 비참한 거짓말 중 하나를 보여준다. 즉, 교회를 이끌 지도자가 되기 위해서는 교회를 떠나야 한다는 것이다.

나를 오해하지 않기를 바란다. 나는 결국 신학교에 들어갔고 그곳에서 엄청난 경험을 했다. 사실, 신학교에서 크게 변화되었다. 하지만 그 당시 나는 교회가 깊은 제자를 만들기 위해 왜 외부기관을 의존해야 하는지 이해할 수 없었다. 모든 교회가 영적 성장 및 제자훈련을 위해 외부기관이나 단체를 의존한다는 말인가? 나는 학자가 되기 위해 신학교에 간 것이 아니었다. 제자가 되는 법을 배우고 싶은데 다른 길이 없어서 신학교에 갈 수밖에 없었다. 물론 나는 신학교가 매우 중요하다고 주장한다. 그 이유는 신학교와 여러 다른 단체들은 이 세상에서 가장 훌륭한 남성들과 여성들을 가르치고 훈련한 후에 그들 중 몇몇을 사역자로 보내기 때문이다. 하지만 지금 내가 지적하려는 문제는 다른 것이다. 즉, 그때 교회는 교회의 부족한 제자훈련을 보충하기 위해 신학교를 추천했을 뿐만 아니라 제자들을 만들 책임까지 신학교에 떠넘기는 것처럼 보였다.

분명히 할 것은, 교회는 제자를 만들기 위해 있다. 이제는 교회가 책임을 다른 기관에 떠맡기는 것을 멈출 때다. 다른 단체들이 교회와 함께 이 일을 할 수는 있지만 그렇다고 결코 교회를 대신할 수는 없다.

많은 제자가 처음부터 끝까지 교회 밖에서 만들어진다. 이는 우리가 더 나은 질문인 "제자도는 어디에서 **이루어져야** 하는가?" 대신 "제자훈련을 어디에서 **받을 수** 있는가?"라는 질문을 해왔기 때문이다.

나는 몇 달 전 교회 지도자들이 모인 어떤 콘퍼런스에서 가르쳤다. 나는 그들에게 그들의 신앙이 교회 밖에서 형성되었다면 손을 들어달라고 부탁했다. 80퍼센트 이상이 손을 들었다. 다시 말하지만, 이들은 복음 사역과 지역 교회에 헌신된 남성과 여성들이다. 그러나 그들의 신앙 형성은 대부분 교회 밖에서 이루어졌다. 이것은 단지 내 이야기가 아니다. 교회 밖에서 믿음을 갖게 되고 지역 교회 밖에서 주로 제자훈련을 받은 수많은 사람들의 이야기다. 우리는 기독교 단체를 통해 구원받은 후 교회와 연관되어 성장하고자 노력했지만, 신앙이 형성되고 빚어지기 위해서는 외부에서 주어지는 기회를 찾아야 했다. 지역 교회가 비워둔 공백을 메우기 위해 성경대학, 신학교, 성경공부, 캠퍼스 사역, 선교단체, 그리고 여러 다른 비영리 단체들이 나섰다. 이러한 단체들로 인해 하나님께 감사한다. 하지만 그들은 결코 지역 교회를 대신할 수 없으며 또한 대신하기를 원하지도 않을 것이다.

이것이 바로 내가 이 책을 쓰게 된 이유다. 나는 지역 교회가 그리스도의 온전한 제자들을 만들기 위한 하나님의 주요 수단이라고 온 마음을 다해 믿는다.

지역 교회는 제자들을 위한 일차적인 영적 안내자가 되어 그들이 하나님을 더욱 사랑하고 알아갈 수 있도록 도와야 한다. 지역 교회는 우리를 제자로 양육하고 자격을 갖추게 한 후 더 많은 제자를 만들도록 파송하는 장소여야 한다.

자신의 제자도 여정을 생각해 보라. 대부분의 영적 성장이 어디에서 이루어졌는가? 선교 현장에서, 대학이나 신학교에서, 혹은 캠퍼스 사역을 통해 이루어졌는가? 아니면 지역 교회에서 이루어졌는가? 나는 지역 교회에서 일어나는 풍성하고, 강건하고, 깊은 제자도 이야기를 듣는 것을 좋아한다. 하지만 내 경험상 그런 이야기는 너무 적고, 듣더라도 정말로 간혹 듣는다. 하나님은 분명히 그분의 사명을 이루기 위해 주님의 교회를 사용하시지만, 솔직히 내가 들은 영적 성장의 가장 중요한 이야기들은 교회 밖에서 일어나고 있었다.

이 이야기가 자신의 이야기가 아니라면 하나님께 감사하라. 하지만 이 이야기는 우리 중 많은 사람에게 해당하며, 이 사실을 아는 것은 중요하다. 하나님의 사명이 주로 지역 교회, 즉 나의 지역 교회를 통해 이루어진다면 어떨까? 당신은 교회가 온전한 제자도를 위한 가장 좋은 환경을 제공한다고 믿고 확신하는가? 만약 그렇다면, 그 확신을 실현하는 제자훈련 사역 철학을 만들어 시행하고 있는가?

차기 목사를 훈련시키라

우리 교회는 제자를 세우기 위해 외부기관에 얼마나 의존하고 있는가? 제자훈련을 보충하기 위해 외부기관을 이용하는가? 아니면 제자훈련을 그런 외부기관에 위임하는가? 다시 말하지만, 전문적인 훈련을 위해서는 외부기관이 필요하다. 하지만 지금 내가 말하려는 것은 전문적인 훈련이 아니다. 나는 단순히 어떤 사람을 불신앙 상태에서 신앙의 상태로, 미성숙한 믿음에서 성숙한 믿음으로 나아가도록 돕는 일을 말하는 것이다. 우리 교회는 이런 일을 바라며 그 일을 행할 능력이 있고 또한 그 일을 행하는가?

사람들은 지역 교회를 통해 믿음을 갖게 되고 믿음이 성장하며 성숙한 제자로 양성되어야 한다고 나는 믿는다. 그것이 복음의 기본적인 진행이다. 우리는 그리스도의 가족에 입양된 고아들이다. 그다음, 우리는 입양된 유아들로서 그 가족의 성숙한 구성원으로 성장하는 방법을 배운다. 이 모든 일은 지역 교회 안에서, 그리고 지역 교회를 통해 일어날 수 있다.

가끔 내가 스스로에게 묻는 흥미로운 질문이 있다. 교회와 가까운 커피숍에 제이크(Jake)라는 불신자가 있다고 가정해 보자. 우리 교회가 불신자인 제이크를 20년 후 차기 담임목사로 세우고자 한다면 그에게 어떤 기회와 훈련을 제공해야 할까?

첫째, 제이크가 복음을 듣고 죄를 뉘우치고 성령님의 능력으로 거듭나 교회의 가족이 되도록 복음을 전하고 실천하는 문화가 필요하다. 그다음, 신앙의 기초를 그에게 알려주고 가르치는 공동체 중심의 제자훈련 환경이 필요하다. 아마도 성경 읽는 법, 신앙의 기초, 영적 훈련 등에 관한 과목들이 필요할 것이다. 이러한 기회들은 초보 단계부터 고급 단계까지 순차적으로 제공될 필요가 있다. 다른 말로 하면, 접근성과 영적 성장의 측면에서 생각해야 할 것이다.

당신은 당신이 섬기는 교회가 차기 담임목사를 양성할 수 있다고 생각하는가?

가끔 예배에 오지만 아직은 불신자인 질(Jill)이라는 젊은 여성은 어떨까? 우리 교회는 그녀를 차기 여성 지도자나 성경공부 교사로 키울 수 있는가? 그녀가 복음을 듣고 응답하도록, 그리고 성숙한 그리스도인으로 성장하도록 올바른 제자훈련 과정을 확립했는가? 혹은 제자훈련의 상당 부분을 외부기관에 위임하고 있는가? 아니면 교회에서 이미 진행되는 훈련을 좀 더 보충하기 위해 외부기관을 이용하는가?

다음은 내가 사역을 하면서 일상적으로 생각하는 것들이다. 우리 교회의 차기 담임목사, 또는 차기 여성 지도자가 아직 그리스도인이 아니라면, 우리 교회는 그들이 교회 안에서 복음을 듣고 응답하고, 복음에 의해 변화되고, 나아가 복음을 전하는 것을 배울 기회를 제공하고 있는가? 물론 어쩌면 나도 그 교인이 교회 외부의 전문기관에서 훈련받기를 바랄 수 있다. 하지만 나는 그 교인을 위한 제자훈련의 기반을 교회 안에 다지겠는가? 아니면 그 교인의 성장과 발전을 위해 외부기관을 거의 전적으로 의존하겠는가? 간단히 말해, 한 불신자를 목사로 변화시킬 수 있는 제자훈련을 교회 내에서 시행할 수 있는가?

이런 예는 목회자나 사역 지도자들을 키우는 데만 해당되는 것이 아니다. 어떤 직업이든, 어떤 연령대든, 누구에게나 똑같이 적용될 수 있다. 우리 교회는 사업가들이 신실한 삶을 살도록 훈련하는가? 부모들이 자녀를 가정에서 복음으로 키울 수 있도록 돕고 있는가? 또는 교인들이 그들의 믿음을 주변 사람들과 나누는 방법을 배울 기회를 제공하는가?

단도직입적으로 말해, 내가 그랬듯이 어떤 18세 된 새신자가 와서 "제자로 성장하고 싶습니다"라고 말하면 그를 어떻게 돕겠는가? 우리 교회는 18세 된 새신자를 받아 그다음 수십 년에 걸쳐 천천히 성숙한 그리스도인으로 발전시킬 준비가 되어 있는가?

지역 교회란 무엇인가?

지역 교회는 하나님이 온전한 제자를 양성하시는 주된 장소다. 우리는 깊은 제자훈련의 임무를 지역 교회와 분리할 수 없다. 그 이유는 지역 교회가 그 사역을 맡고 있기 때문이다. 지역 교회는 제자도를 위한 하나님의 도구다. 하나님은 지역 교회를 사용하셔서 자기 백성을 빚어내고 양육해 그리스도의 성숙한 제자로 만드신다. 지역 교회는 우리가 그리스도 안에서 거룩해지는 곳이며(고전 1:2), 믿음으로 세워지는 곳이다(고전 14:12). 복음은 지역 교회에서 선포되며(고후 8:18) 그리스도께서는 머리로서 지역 교회를 다스리신다(골 1:18). 그곳에서 온전한 제자들이 양성된다. 교회는 하나님이 제자를 만들기 위해 사용하시는 많은 기관 중 하나가 아니다. 지역 교회는 온전한 제자도를 위한 주된 장소다. 나는 지역 교회에서 실시되는 제자훈련은 교회 외부에서 시행되는 제자훈련과 질적으로 달라야 하며 다를 수 있다고 믿는다. 이런 확신은 '지역 교회가 무슨 일을 하는가'라는 질문보다 '지역 교회란 무엇인가'라는 질문을 통해 형성된다.

모든 지역 교회는 깊은 제자훈련을 위한 주된 장소로서 네 가지 특징을 공유한다. 그것은 장소, 사람, 목적, 그리고 하나님의 임재다. 깊은 제자훈련을 위해서는 특정한 장소(어디서 만나든)가 있어야 하고, 특정한 사람들(교회 가족)이 있어야 하며, 특정한 목적(선교와 성화)이 있어야 한다. 그리고 이를 위해 하나님의 임재로 인한 능력이 나타나야 한다. 네 가지 특징에 대한 이런 정의는 삼위일체이신 하나님을 반영한 것이다. 아버지 하나님은 자기 자녀들을 아들 그리스도의 사역을 통해 그의 보편적인 지역 교회에 입양하시고, 그들을 성령님의 내재와 권능을 통해 선교 및 성화를 위해 준비시키신다. 이는 오순절 때부터 하나님의 사명이었고, 그 사명은 오늘날에도 그리스도의 교회에서 계속 진행되고 있다. 이 사명을 위해 지역 교회는 온전한 제자훈련을 위한 가장 이상적인 배경을 제공한다.

장소

첫째, 지역 교회는 눈에 보이는 한 장소에 위치한다. 역사적으로, 신학자들은 지역 교회와 보편 교회를 구분하는 것을 중요하게 여겼다. 그레그 앨리슨(Gregg Allison)에 따르면, 보편 교회는 "오순절 날부터 주님의 재림 때까지 더해지는 모든 그리스도인, 즉 현재 천국에 있는 죽은 신자들과 전 세계의 살아있는 신자들과의 교제다."[1]

보편 교회는 시대와 상황을 배경으로 해 지역 교회로 구체화되고 가시화된다. 지역 교회는 삼위일체 하나님을 정기적으로 예배하고, 그분의 말씀을 선포하고, 성례와 예식에 참여하고, 교회 규율을 수행하고, 불신자들에게 복음을 전하는 사람들의 지역 공동체로 나타난다.

이러한 지역 신앙 공동체는 가시적이며 특정 위치에 있다. 지역 교회는 장소, 지도자, 회원 등이 있으므로 눈에 보인다. 지역 교회는 특정한 상황 가운데 생겨나서 사역하기 때문에 어떤 위치에 놓이게 된다. 지역 교회는 특정한 상황 가운데서 복음을 증거하는 가시적인 조직이다.

보편 교회와 지역 교회는 하나님의 목적을 이루는 데 필수 불가결한 요소다. 그리스도인은 보편 교회와 지역 교회에 의해 생겨나고 이 모두에 속한 상태에서 위로와 권면을 받는다. 우리는 성도에게 단번에 주어지는 믿음을 배우고 받아들임으로써 보편 교회에 속하게 된다(유 1:3), 이에 우리는 수 세기 전 성도들로부터 배우기도 하고, 멀리 환경적으로 떨어진 교회의 설교를 듣거나 블로그를 읽거나 예배 음악을 통해 빚어지기도 한다. 보편 교회는 우리가 이레나이우스, 아타나시우스, 아우구스티누스 및 다른 교회 교부들의 글들을 읽어야 한다는 사실을 상기시켜준다. 우리는 종교개혁가들의 업적을 축하하고 그들의 통찰력을 배

---

1 Gregg R. Allison, *Sojourners and Strangers: The Doctrine of the Church*, Foundations of Evangelical Theology (Wheaton, IL: Crossway, 2012), 20.

워야 한다. 우리는 또한 다른 교파, 다른 교회, 다른 선교기관들의 형제자매들과도 대화해야 한다. 우리는 교단의 차이를 극복하고 서로를 위해 기도하며 믿음 안에서 서로 격려해야 한다. 신학교, 성경대학, 지역사회의 성경공부, 기독교 출판사와 콘텐츠 제작자, 캠퍼스 사역은 보편교회의 아름다운 현상들로서 지역 교회 전체의 건강과 활기에 도움을 준다. 그러나 보편 교회의 이러한 현상들이 아무리 유익하다 하더라도 보편 교회는 장소를 가진 가시적인 지역 교회를 대체할 수 없다. 우리는 모두 보편 교회의 현상들에 참여해야 하지만, 그 참여는 반드시 지역 교회에 참여하는 것에 근거해야 한다.

내가 말하고자 하는 요점은 제자훈련은 지역 교회에서 시행되어야 한다는 것이다. 이것은 매우 중요하다. 가상의(virtual) 제자훈련은 깊은 제자를 만들어낼 수 없다. 깊은 제자훈련은 장소가 매우 중요하다. 제자를 세우는 일은 인격적으로 구체화되어야 하며 사람들과 삶을 나누어야 한다. 블로그, 온라인 강의, 비디오 스트리밍 설교가 제자훈련을 도울지는 몰라도 지역 교회가 할 수 있는 방식으로 제자를 세울 수는 없다. 우리는 디지털화되고 탈실재화(脫實在化)된 방식의 제자훈련을 채택할 위험에 처해 있다. 예를 들어, 팟캐스트 또는 온라인 '교회'의 등장으로 사람들은 그들이 원하는 목사나 교회의 메시지를 스트리밍할 수 있다. 우리는 최고의 디지털 자원에 쉽게 접근할 수 있다. 하지만 디지털화되고 탈실재화된 제자훈련 전략으로는 결코 온전한 제자를 양성하지 못한다. 디지털 자원은 분명히 지역 교회가 하는 일을 보완하는 데 사용되어야 하지만, 결코 실제 삶으로 구현되는 제자도를 대신할 수 없다. 목회자와 사역자들은 하나님의 양 떼를 직접 만나서 목양하도록 부르심을 받은 것이지 단지 트위터로 목양하라고 부르심을 받은 것이 아니다.

온전한 제자훈련은 눈에 보여야 하고 장소가 있어야 한다. 왜 그런가? 기독교 신앙은 본래 성육신적이기 때문이다. 디지털화되고 탈실재화된 세계에서 장소는 그 어느 때보다 더 중요하다. 지역 교회에서 온전한 제자훈련을 시행하려면 사람들이 직접 만나는 것이 중요하다. 깊은 제자도는 가시적이고 시끌벅적한 삶으로 구체화되기 때문이다. 기독교 신앙은 본질적으로 육신적이며 가시적이다. "말씀이 육신이 되어 우리 가운데 거하시매 우리가 그의 영광을 보니 아버지의 독생자의 영광이요 은혜와 진리가 충만하더라"(요 1:14). 성육신한 하나님이신 예수님은 가시성과 상황의 중요성을 보여주신다. 예수님은 자신을 알리기 위해 그분이 지으신 피조물의 세계로 내려오셨다. 예수님은 이 일을 때와 상황에 맞게 가시적으로 해내셨다. 제자훈련이 디지털화되고 탈실재화되는 이 시대에 지역 교회는 제자를 세우는 일이 단지 지적이고 영적인 면만 필요한 것이 아니라, 어떤 장소에서 직접 만나는 육신적인 면도 필요하다는 사실을 보여줄 수 있다.

우리는 장소에서 변화되며 장소를 구성한다. 지역 교회는 제자훈련이 본질적으로 영지주의적이거나 탈실재적이지 않고 도리어 대단히 인간적이고 육신적이라는 사실을 보여준다.

장소와 환경이 왜 중요한가? 우리의 전인(全人)이 하나님께 중요하기 때문이다. 제자훈련은 단순히 사상을 전달하는 것이 아니라 전인을 변화시키는 것이다. 제자훈련은 생각을 변화시킬 뿐 아니라 사람을 변화시킨다. 지역 교회에서 우리는 그 일을 아름답게 이룰 기회를 얻는다.

다음은 지역 교회의 예는 아니지만 제자훈련에서 장소의 중요성을 보여주는 예다. 내가 신학교 학생이었을 때, 신약성경 전문가로 잘 알려진 한 교수가 심각한 비극을 겪었다. 그의 아내가 자전거를 타다가 사고를 당해 뇌를 크게 다쳤다. 사람들은 그녀가 제대로 사고를 할 수 있을지 확신할 수 없었다. 그 후 몇 주 동안 나는 그 교수를 지켜보며 신학교에서의 다른 어떤 경험보다 더 많은 교훈을 얻었다. 그는 탁월한 내용을 가르치는 것으로만 훌륭한 교수가 아니었다. 그는 깊은 고통 속에서 하나님을 신뢰하는 법을 우리에게 보여주는 면에서도 훌륭한 교수였다. 만약 내가 그의 수업을 온라인으로만 듣거나 책으로만 접했다면 나는 그 교훈을 결코 배울 수 없었을 것이다. 나는 그의 삶을 보면서 그의 가르침을 더욱 신뢰하게 되었다. 내게는 그의 강의보다 그의 삶이 그 학기의 교과 과정이었다.

이처럼 삶을 통한 제자훈련은 온전한 제자를 세우는 데 필수적이다. 우리는 위대한 사상뿐만 아니라 서로의 삶을 공유해야 한다. 우리는 정해진 장소에서 가시적인 모임과 관계에 전념할 때 우리의 삶을 공유할 수 있다. 지역 교회는 이런 류의 제자훈련을 유일한 방식으로 시행할 수 있다.

사람

우리는 제자훈련을 위해 장소가 중요하다는 사실을 논의했다. 제자훈련은 장소를 가진 눈에 보이는 공동체에서 진행될 필요가 있다. 제자훈련에는 또한 하나님의 백성이 반드시 있어야 한다. 내가 하나님의 백성이라고 할 때 그 의미는 모든 곳의 모든 그리스도인을 언급하는 것이 아니라 지역 교회 교인들을 지칭해 언급하는 것이다.

신약성경은 지역 교회를 "하나님의 집"(딤전 3:15)처럼 가족으로 묘사한다. 성령님의 거듭나게 하시는 역사를 통해 우리는 하나님의 가족의 일원이 되며, 이는 지역 교회를 통해 드러난다. 하나님의 가족은 서로를 돌보고 붙들어주는 영적인 아버지와 어머니, 그리고 형제자매로 구성된다. 그리스도인은 가정 및 교회 가족이란 배경 안에서 빚어진다. 우리는 우리를 제자 삼는 교회 가족에 속해 있다.

제자가 빚어지는 과정에서 지역 교회의 가족 역할을 강조하지 않는 것은 위험하다. 이는 자칫 영적인 고아 상태에서 제자훈련을 추구할 수 있다는 오해를 불러오기 때문이다. 주로 지역 교회 밖에서 시행되는 제자훈련은 영적인 가족에게서 벗어난 제자훈련이다. 이런 종류의 제자훈련은 입양된 아들과 딸이 아닌 영적 고아를 만드는 경향이 있다.

영적 고아들은 그들을 돌볼 영적인 부모가 없다. 그들에게는 그들을 격려해줄 영적인 형제자매가 없다. 그들에게는 신앙 안에서 성장하는 영적인 아들과 딸이 없다. 영적 고아들은 함께할 영적 가족이 없으므로 단지 자기 자신만을 돌보는 법을 배운다. 그들에게는 자기 한 사람의 유익이 전체의 유익보다 더 중요하다. 자기 한 사람의 성장이 전체의 성장보다 더 중요하다. 영적 고아들은 주로 가족 전체의 영적 성장보다 자신의 영적 성장에 관심을 둔다. 그들은 자기 외에 따로 고려할 가족이 없다. 영적 고아들은 하나님을 아는 데는 관심이 있지만, 이웃을 사랑하는 데는 관심이 없는 경우가 많다(고전 13:2).

그러나 우리가 지역 교회에 깊은 제자훈련을 뿌리내릴 때 영적 고아란 없다. 지역 교회는 우리가 이제는 고아가 아니라 영적인 어른으로 성장하는 아들과 딸들이라는 복음의 진리를 실행으로 옮긴다. 지역 교회에서는 각 개인의 전인적인 변화뿐만 아니라 교회 가족 전체의 영적 성장이 중요하다. 이 가족의 구성원은 나머지 가족의 영적 성장에 없어서는 안 될 존재다. 가족 구성원들은 서로를 필요로 한다.

이 가족의 주요 특징 중 하나는, 자신을 돌보는 만큼 서로를 돌본다는 것이다. 이것이 온전한 제자도의 핵심적인 특징이다. 우리는 자신의 영적 성장뿐 아니라 온 가족의 영적 성장을 추구해야 한다. 모든 사람이 사랑과 온유함 가운데 자기 자신의 영적 성장뿐 아니라 가족 전체의 영적 성장을 추구하는 문화를 만들어야 한다. 온전한 제자는 자신의 영적 건강뿐만 아니라 온 가족의 영적 건강을 추구한다. 그들은 가족의 건강이 자신의 건강에 필수적이라는 사실을 잘 알고 있다.

예수님은 누가복음 10장 27절에서 이러한 덕에 대해 언급하신다. "대답하여 이르되 네 마음을 다하며 목숨을 다하며 힘을 다하며 뜻을 다하여 주 너의 하나님을 사랑하고 또한 네 이웃을 네 자신 같이 사랑하라 하였나이다." 여기서 주님이 하신 말씀을 주목하라. 비록 주님은 지역 교회에 대해 구체적으로 언급하지 않으셨지만, 믿음은 본질적으로 서로 나누는 것이란 사실을 보여주셨다. 하나님을 사랑하고 나 자신을 사랑하는 것으로는 완전하지 않다. 우리는 하나님과 자기 자신과 이웃을 사랑하도록 부르심 받았다. 우리의 가장 가까운 이웃은 우리 자신의 가정과 우리의 영적인 집, 즉 지역 교회에 있는 사람들이다.

제자훈련이 하나님의 백성이라는 배경에서 멀어진다면, 경쟁 또는 비교하는 경향이 나타날 수 있다. 예를 들어, 학문적인 기관이나 비영리 단체 또는 온라인 플랫폼에서 제자훈련을 받는 경우 서로 간의 경쟁이 있을 수 있다. 좋은 성적, 좋은 반응, 교사들의 관심을 얻기 위한 경쟁, 과정을 마친 후에는 아마도 직업을 얻기 위한 경쟁이 있을 수 있다. 참가자들은 수료 시점에서 5~10년 후에는 서로를 거의 모를 것이기 때문에 서로의 영적 성장을 위해 헌신하기란 쉽지 않다. 영적 고아들은 다른 영적 고아들을 가족이 아닌 경쟁자로 본다. 이러한 제자훈련 환경에서는 암묵적으로 나 자신의 영적 성장이 다른 사람들의 영적 성장보다 중요하다는 믿음을 갖게 된다. 이런 믿음은 제자훈련에 임하는 매우 개인주의적인 사고방식이다. 우리는 다른 사람들이 전인적으로 성장하는 것에 관심이 없다. 우리는 자신의 성장에 투자하며, 누구든지 이를 방해하면 나의 발전에 대한 위협으로 간주한다.

신약성경은 특별한 의미에서 교회를 가족으로 보아야 한다고 가르친다. 즉, 제자훈련은 경쟁이 아니라 하나님을 향한 사랑과 서로에 대한 사랑에 의해 동기를 부여받아야 한다. 우리는 자신의 유익만을 추구하는 것이 아니라 서로의 유익을 추구해야 한다(빌 2:3).

교회는 가족과 같은 사랑이되 생물학적 가족의 사랑보다 더 깊은 사랑으로 특징지어진다. 교회는 "형제를 사랑하여 서로 우애하고 존경하기를 서로 먼저 해야 한다"(롬 12:10). 데살로니가 성도들은 이런 미덕을 갖도록 권면을 받았다. "형제 사랑에 관하여는 너희에게 쓸 것이 없음은 너희들 자신이 하나님의 가르치심을 받아 서로 사랑함이라"(살전 4:9). 히브리서 저자는 "형제 사랑하기를 계속하라"고 주장한다(히 13:1). 베드로는 그리스도인들에게 "경건에 형제 우애를, 형제 우애에 사랑을 더하라"(벧후 1:7)고 권면한다.

지역 교회에서의 제자훈련은 교회 가족 안에서 형제와 자매, 아버지와 어머니처럼 사랑을 더하는 것이다. 영적인 가족 안에서 이루어지는 제자훈련은 영적인 고아원에서 이루어지는 제자훈련보다 건실하다. 지역 교회에서 온전한 제자도를 추구할 때, 우리는 자신에게 투자하는 만큼 서로의 성장에도 투자하게 된다.

제자훈련은 경쟁이 아닌 사랑으로 특징지어져야 한다. 이러한 제자훈련은 건강한 영적 가족을 세울 것이다. 우리와 함께 제자훈련을 받는 사람들이 단지 수강생이나 온라인 아바타, 트위터 친구들이 아닌 같은 교회의 지체들일 때 우리에게 많은 변화가 일어난다. 제자훈련을 지역 교회와 연결할 때 우리는 모두가 입양된 아들과 딸이라는 신학적인 진리를 더욱 강조하게 되면서 모든 아들과 딸의 성장이 다 중요하고, 이에 건강한 영적인 가족으로 성장하기 위해 서로가 필요하다는 사실을 인식하게 된다.

그렇다면, 하나님의 백성이 경쟁이 아닌 사랑을 추구할 때 그 모습은 어떨까? 가족과 같은 환경에서의 제자훈련은 반드시 서로를 향한 가족과 같은 사랑을 만들어낸다. 지역 교회에서 우리는 고립된 제자가 아니라 교회 가족을 만들려고 노력한다.

나는 빌리지 교회에서 "훈련 프로그램"(Training Program)이라는 이름의 1년 과정 집중 제자훈련 커리큘럼을 만들어 시행했다. 이 제자훈련에서 참가자들은 교리 진술문을 쓰고, 성경을 대단히 많이 읽고, 중요 구절들을 암기하고, 영적 훈련에 참여한다. 우리가 이런 환경을 만들면서 가장 관심을 둔 것은 참가자들이 경쟁이 아닌 사랑의 렌즈를 통해 서로를 보고 함께하는 것이다. 나는 그들이 서로를 경쟁자로 보지 않고 서로를 세워주는 한 가족의 일원으로 여기게 하고 싶었다. 이런 환경에서는 서로의 영적 성장을 추구하는 모습을 보기 쉽다. 이런 관점에서, 그리고 이러한 지역 교회의 제자훈련 환경이기에 나는 각 참가자의 요구 사항인 사랑, 즉 가족과 같은 사랑을 나타내려고 했다. 우리는 훈련 안내서에 다음과 같은 내용을 포함시켰다.

"그 중의 제일은 사랑이라"(고전 13:13). 예수님의 제자들은 하나님을 향한 사랑과 이웃에 대한 사랑으로 특징지어지도록 부르심을 받았다. '훈련 프로그램' 참가자들은 그리스도와 동행하는 일에서 진전을 이루고 또한 하나님을 향한 사랑과 서로에 대한 사랑의 자세를 보여주어야 한다. 제자훈련은 결코 개인적인 과제가 아니며 정의상 공동체 지향적이다. 공동체적 제자훈련은 많은 도전을 제시하지만, 동시에 우리에게 서로에게 사랑을 베풀 많은 기회를 제공한다. 훈련 프로그램 참가자 전원은 자비와 사랑의 마음 자세를 가져야 한다.

교회 밖에서 진행된 제자훈련 환경에서 내가 반복적으로 보았던 것은 참가자들의 영적 성숙도가 서로 다를 때 느끼게 되는 좌절감이다. 예를 들어, 신학교 강의실에서는 덜 성장한 학생들이 쉬운 질문으로 수업 시간을 독점하는 때가 있다. 그럴 때 그들보다 앞선 학생들은 좌절할 수 있다. 아마도 교수님은 그 자료를 몇 번이고 반복해서 다루었을 것이다. 그런데 같은 학생이 계속 기본적인 질문을 한다면 그보다 앞선 다른 학생들은 이런 상황이 자신의 영적 성장에 방해가 된다고 여기기 쉽다. 사실, 그들은 신학교에 돈을 냈고 서로를 잘 알지 못한다. 우리는 그들이 왜 좌절감을 느끼는지 쉽게 이해할 수 있다. 물론 그 반대 현상도 일어날 수 있다. 초보 학생들이 수업 및 대화를 따라가기가 힘들어 좌절하는 것이다.

결국, 그들은 성장하려고 그 수업을 듣지만 다른 사람들이 그 수업을 통해 성장하도록 희생하려고는 하지 않는다. 나는 이런 일이 학문적 환경에서뿐만 아니라 캠퍼스 사역과 성경공부에서도 반복적으로 벌어지는 것을 보았다.

그러나 영적인 가족 환경에서는 서로 비교할 필요가 없이 서로 격려하게 된다. 예를 들어, 지역 교회에서는 교인들이 서로를 가족으로 여기며 서로 다른 성숙도를 예상할 수 있다. 교회 안에는 영적인 아버지와 아들, 영적인 어머니와 딸이 있다. 주님과 동행한 지 수십 년 된 사람이 있는가 하면, 몇 주밖에 안 된 사람도 있다. 또 어떤 사람은 신학교 학위를 받았을 수 있고, 다른 사람은 성경의 기초도 모를 수 있다.

그렇다면 비교와 경쟁과 좌절에 빠지지 않고 지역 교회의 구성원 모두가 함께 성장하는 방법은 없을까? 그 답은 서로를 가족처럼 여기는 것이다. 믿음이 강한 성도들은 믿음이 약한 신자들을 부모처럼 격려하고 권면한다. 믿음이 약한 신자들은 믿음이 강한 성도들을 부모와 같이 인정하고 따른다. 모두가 자신의 영적 성장을 위해 노력하듯 서로의 성장을 위해 노력한다. 자신의 제자훈련만큼 다른 사람들의 제자훈련도 중요하게 여긴다. 이런 자세가 온전한 제자훈련의 한 부분이라면 지역 교회가 어떻게 될까?

한번은 데이비드(David)라는 학생이 교회에서 제자훈련을 받았다. 그는 신학 석사학위를 받았고 교회학 박사학위를 준비 중이었다. 같은 반에는 사만다(Samantha)라는 학생도 있었는데, 다섯 아이의 엄마였고 공식적인 신학 훈련을 받은 적이 없었다. 데이비드는 훈련에 참여하게 되어 매우 감격했고 사만다는 약간 긴장했다. 훈련을 시작하면서 우리는 사랑의 중요성을 강조한 후, 자신의 영적 성장뿐 아니라 그 수업을 같이 듣는 다른 사람들의 영적 성장에도 관심을 가져야 한다고 이야기했다.

몇 주 후 우리는 복잡한 신학적 문제를 다루게 되었는데, 데이비드는 그 내용을 다 소화했지만 사만다는 일부를 이해하지 못해 혼란스러워했다. 그녀는 그 수업을 포기하거나 좌절할 수도 있었다. 하지만 그렇게 하는 대신 데이비드를 칭찬하며 격려했다. 그리고 데이비드와 대화를 나누며 하나님이 데이비드를 성장시키신 것에 감사했다. 그녀는 데이비드의 성장을 기뻐했다. 이것이 영적인 형제자매들이 서로를 대하는 방식이다! 지역 교회에서 우리는 우리의 형제자매들의 성장을 축하한다. 그 이유는 누군가의 성장은 온 가족을 더욱 건강하게 만들기 때문이다.

그 반대도 마찬가지였다. 우리가 좀 더 단순하고 기본적인 문제들에 시간을 할애하고 있을 때, 데이비드는 이미 이전에 배운 것들이기에 좌절할 수 있었다. 하지만 그 대신 그는 사만다의 성장에 기뻐했다. 그들은 둘 다 서로 가족이라는 것을 알았다. 엄마가 자기 아기가 처음으로 기는 것을 보면 어떻게 하는가? 기뻐한다! 가족 구성원이 성숙하는 모습을 보는 일은 항상 즐겁다. 딸은 자기 아버지가 새로운 것을 배우면 어떻게 하는가? 기뻐한다! 나이 든 가족 구성원이 계속 배우는 모습을 보기란 항상 즐거운 일이다. 이러한 가족 개념이 건강한 교회 및 온전한 제자훈련 문화가 지역 교회 안에서 지속되는 비결이다.

서로 사랑하는 가족 환경은 깊은 제자훈련에 필수적이다. 그런 환경에서는 갓 들어온 어린 형제자매들이 기초적인 질문을 할 수 있으며, 성숙한 형제자매들이 그들의 성장을 축하할 수 있다. 그런 환경에서는 성숙한 형제자매들이 성령님께서 허락하시는 한 빠르게 성장하고 성숙할 수 있으며, 어린 형제자매들은 성숙한 형제자매들을 존경하면서 하나님께서 그들의 삶을 통해 행하시는 일을 찬양할 수 있다.

나는 이러한 가족 환경이 얼마나 중요한지 강조할 수밖에 없다. 이것이 지역 교회 밖의 제자훈련보다 지역 교회의 제자훈련을 훨씬 탁월하게 만드는 요소다. 우리는 지역 교회 안에서 자신이 영적인 고아가 아니라 하나님의 가족에 속한 아들과 딸임을 기억하게 된다. 오직 온전한 가족만이 온전한 제자를 만들 수 있다.

목적

지역 교회는 선교와 그리스도를 닮는 성화(목적)를 위해 준비되는 하나님의 입양된 가족(사람)이 가시적으로 모이는 곳(장소)이다. 교회는 이 땅의 다른 기관들과 목적이 다르기에 지역 교회의 깊은 제자훈련은 외부기관의 제자훈련과 다를 수밖에 없다. 바울이 에베소에 보낸 편지를 보면 지역 교회에 바라는 그의 소망과 목적을 알 수 있다.

"그가 어떤 사람은 사도로, 어떤 사람은 선지자로, 어떤 사람은 복음 전하는 자로, 어떤 사람은 목사와 교사로 삼으셨으니 이는 성도를 온전하게 하여 봉사의 일을 하게 하며 그리스도의 몸을 세우려 하심이라 우리가 다 하나님의 아들을 믿는 것과 아는 일에 하나가 되어 온전한 사람을 이루어 그리스도의 장성한 분량이 충만한 데까지 이르리니 이는 우리가 이제부터 어린 아이가 되지 아니하여 사람의 속임수와 간사한 유혹에 빠져 온갖 교훈의 풍조에 밀려 요동하지 않게 하려 함이라 오직 사랑 안에서 참된 것을 하여 범사에 그에게까지 자랄지라 그는 머리니 곧 그리스도라 그에게서 온 몸이 각 마디를 통하여 도움을 받음으로 연결되고 결합되어 각 지체의 분량대로 역사하여 그 몸을 자라게 하며 사랑 안에서 스스로 세우느니라"(엡 4:11-16).

이 본문에서 끄집어낼 것은 많지만, 나는 두 가지에 초점을 맞추고 싶다. '선교'와 그리스도를 닮는 '성화'다. 이 두 가지가 교회의 목적이다. 지역 교회는 그 고유 목적인 선교와 성화를 추구하기 때문에 지역 교회에서 행해지는 제자훈련은 질적으로 다를 수밖에 없다.

예수님은 지금 무엇을 하실까? 에베소서 4장에 따르면, 예수님은 승천해 하늘에 계시며, 지금 자신의 교회가 더 큰 선교 사명을 감당하고 하나 됨을 이룰 수 있도록, 교회를 든든히 세우고 은사를 베푸신다. 그분은 온 가족이 성숙해지는 것을 목적으로 모든 성도를 사역자로 준비시킬 지도자들을 교회에 보내신다. 만일 그것이 예수님의 사명이라면, 또한 지역 교회의 사명이기도 하다. 이 구절의 핵심은 예수님이 교회에 은사들을 나누어 주셔서 성도들을 사명 안에서 연합시키시고 또한 성숙하게 하신다는 것이다.[2]

---

2 Harold W. Hoehner, *Ephesians: An Exegetical Commentary* (Grand Rapids: Baker Academic, 2002), 538.

에베소서 4장은 교회가 해야 할 일에 관한 것이 아니라 예수님이 그분의 교회를 위해, 또한 교회를 통해 무엇을 하시는지 알려준다. 주님은 온 교회가 사역을 위해 준비되도록 교회에 지도자들을 보내신다. 우리의 목적은 주님의 목적과 일치되어야 한다.

교회에서 흔히 볼 수 있는 한 가지 경향은 전문가와 아마추어의 구분이다. 교사와 목사들이 한쪽에 있고, 다른 쪽에 성도들이 있다. 전문가와 아마추어의 구분은 교회에 고용된 전문가들이 자신의 일은 성도들과 '함께하는' 사역이 아니라 성도들을 '위한' 사역이라고 생각하는 데서 쉽게 드러난다. 그들은 무대에 오르고, 커리큘럼을 작성하고, 마이크를 잡고, 사역을 이끈다. 성경을 읽고 가르치는 목회자들의 모습은 회중들이 '나는 절대로 저렇게 성경을 읽는 수준이 될 수 없어'라고 생각하게 한다. 예배 인도자들은 회중이 더 많이 예배에 관여하도록 초청하기보다 청중을 위한 예배 공연을 하는 것에 더 관심이 있는 것 같다. 실제로 사역을 하려면 전문가가 되어야 한다는 인식이 깔려있다. 전문가들은 회중과는 달리 어떤 재능, 은사, 기술을 가지고 있는 것처럼 보인다. 그들은 무엇보다 영적인 엘리트들로 간주된다.

한편, 자신을 아마추어로 인식하는 부류가 있다. 그들에게 사역을 할 기회가 주어지는 경우는 거의 없다. 그들은 전문가들이 하는 사역을 수동적으로 받아먹을 뿐이다. 아마추어는 전문가들이 땀 흘려 수고하는 사역의 수혜자다. 아마추어들은 청중석에 앉아 전문가들의 사역을 받아 누린다.

'사역 전문가'들은 너무나 자주 자신들과 '아마추어들'로 구성된 회중 사이의 거리감을 즐긴다. 그들은 자신이 전문가로 여겨지는 것을 좋아하며 회중과의 간격을 메우고자 하는 마음이 거의 없다. 오히려 그들은 그 간격을 더 크게 만든다. 그러나 이런 자세는 바울이 알려준 교회의 목적과 맞지 않는다. 교회는 성도들을 준비시켜 사역하게 하는 곳이다. 사역자들과 목사들과 지도자들은 회중을 '위해' 모든 사역을 하도록 부르심을 받은 것이 아니라, 소위 아마추어들이 사역을 수행할 수 있도록 회중을 섬기고 준비시키기 위해 부르심을 받은 것이다.

다른 말로 하면, 진정으로 훌륭한 교사는 자신과 학생 사이의 거리를 만들지 않는다. 그는 학생들이 배우는 것을 도와줌으로써 그 간격을 없앤다. 마찬가지로, 학생들은 훌륭한 교사를 구경하는 것만을 원하지 않는다. 그들에게 배워서 사역에 참여할 수 있기를 원한다. 교회의 지도자들은 그들 자신과 그들이 이끄는 사람들 사이에 거리를 만들지 않는다. 그들은 사역을 위해 그들을 준비시킨다. 에베소서 4장은 교사, 사역자, 목사를 불러 교회를 '위한' 사역을 하게 하는 것이 아니라 교회와 '함께' 사역하도록 한다.

하나님은 청중을 모으는 일에 관심이 없으시다. 그분은 참가자를 원하신다. 바울은 교회의 주요 목적 중 하나가 모든 사람을 사역에 초대하는 것이라고 주장한다. 그 일은 몇몇 특정 소수를 위한 일이 아니다. 교회 안에는 섬기는 사람들과 그 섬김을 받아 누리는 사람들이 따로 구별되어 있지 않다. 가족의 모든 구성원이 섬기도록 부르심을 받았고,

가족의 모든 구성원이 다른 이들의 섬김을 받아 누리도록 부르심을 받았다. 우리는 많은 지체로 이루어진 한 몸이다(고전 12:12). 이 말은 지도자들이 간격을 메워야 한다는 뜻이다. 깊은 제자도 문화를 만들기 원하는 교회들은 모든 사람의 참여를 촉구한다. 그런 교회들은 그리스도의 몸을 세우는 사명에 모든 사람(모든 각 지체들)이 참여하기를 원한다.

교회의 두 번째 주요 목적은 모든 교인들이 그리스도를 닮기까지 성숙하게 하는 일에 부르심을 받는 것이다. 이 목적은 이 시대 목회 철학에 있어 가장 큰 도전 중 하나다. 이미 설명했듯이, 오늘날 대부분의 영적 성숙이 하나님의 가족 밖에서 일어난다. 바울은 지역 교회의 목적이 성도들이 사역을 할 수 있도록 준비시킬 뿐 아니라, 하나님의 아들을 믿는 것과 아는 일에 자라나도록 인도하는 것이라고 강조한다. 그래서 성도들은 "그리스도의 장성한 분량이 충만한 데까지"(엡 4:13) 이르러야 한다. 그리스도의 몸과 각 지체에 대한 하나님의 목표는 그리스도의 형상을 닮기까지 계속 성장하는 것이다. 그 어떤 다른 기관도 이런 목적을 공유하지 않는다. 그러기에 교회 없는 제자훈련은 목적 없는 제자훈련이다.

교회의 깊은 제자훈련은 우리와 우리가 인도하는 사람들이 삶에 대한 하나님의 뜻을 배우도록 돕는다. 우리 삶에 대한 하나님의 뜻은 그리스도를 닮는 것이다. 이 세상에서 이 사명을 부여받은 공동체는 지역 교회밖에 없다. 지역 교회는 하나님의 백성이며, 여러 다른 환경과 상황 가운데 그리스도 안에서 성숙하기가 충만함에 이르기까지 서로를 세워주며 나아간다. 제자훈련의 목표가 그리스도를 닮는 것이라면 우리의 모든 사역이 힘쓸 것은 사람들을 이끌어 그 목적을 향하게 하는 것이다. 브루스(F. F. Bruce)는 다음과 같이 이 사실을 강조했다. "영광을 얻으신 그리스도께서는 그의 백성들이 지향해야 할 기준을 제시하신다. 그리스도와 연합된 교회는 그리스도의 완전함에 이르기까지 만족할 수 없다."[3]

지역 교회는 그리스도 안에서 함께 자라는 가족이다. 바울이 에베소서에서 하려는 말은, 교회 내 은사가 있는 사람들은 그리스도의 몸을 세우도록 다른 사람들이 자신의 은사를 찾아 사용하기를 도와야 한다는 것이다. 그 과정은 모든 신자가 그리스도의 충만한 분량에 이르도록 성숙할 때까지 계속된다.[4] 지역 교회의 목적은 교인들이 그 목적을 바라보게 하고 그 여정을 떠나도록 준비시키는 것이다. 지역 교회의 제자훈련의 주된 목적은 그리스도 안에서 함께 성숙하는 것이다.

하나님의 임재

지역 교회는 성령님의 '내주와 권능'(임재)을 통해 선교와 그리스도를 닮는 성화(목적)를 위해 준비되고 있는 입양된 하나님의 가족(사람)이 가시적으로 만나는 곳(장소)이다.

---

[3] F. F. Bruce, *The Epistle to the Ephesians: A Verse-by-Verse Exposition*(Grand Rapids: Fleming H. Revell Company, 1961), 87–88.

[4] Hoehner, *Ephesians*, 551.

바울은 고린도 교회에 이 중요한 진리를 상기시킨다. 그는 그들에게 "너희는 너희가 하나님의 성전인 것과 하나님의 성령이 너희 안에 계시는 것을 알지 못하느냐"(고전 3:16)라고 묻는다. 복수형 "너희"에서 알 수 있듯이 바울은 개별 신자들이 아닌 구체적으로 지역 교회를 언급하고 있다. 더 나아가 복수형 "너희"는 지역 교회 안의 각 지체가 아닌, 한 몸으로서의 교회를 가리킨다.

또한 바울은 그들을 "하나님의 성전"이라고 부르는데, 구체적으로 성전 전체를 말하는 것이 아니라 실제적인 성소, 즉 하나님의 임재를 말하는 것이다. 옛 언약에서 하나님의 임재는 성전에 있었지만 지금은 그분의 교회에 있다.

마찬가지로 교회는 에베소서 2장 21절에서 "성전"으로 언급되며, 베드로전서 2장 5절에서는 "신령한 집"으로 언급된다. 능력을 주시는 하나님의 임재에 대한 바울의 신학은 지역 교회에 대한 그의 사역 철학을 이끈다. 그는 지역 교회에 하나님이 친히 임재하신다고 말한다. 우리는 지역 교회 가운데 하나님이 임재하시며 또한 우리에게 능력을 주신다는 사실을 기억해야 한다. 결론적으로 가장 확실한 사실은, 우리가 지역 교회에 임하시는 하나님의 임재를 의지하지 않거나 누리지 못한다면, 우리의 전략과 구조가 무엇이든 전혀 중요하지 않다는 것이다.

지역 교회에서의 사역은 하나님의 임재로 힘과 능력을 공급받기 때문에 근본적으로 다르다. 결론적으로, 하나님의 임재보다 더 나은 사역 철학은 있을 수 없다.

온전한 제자를 양성하는 데는 사역 철학보다 하나님의 임재가 더 중요하다. 하나님의 임재 안에서 우리는 온전한 백성으로 빚어진다. 하나님의 임재는 분명히 지역 교회에만 국한되지 않는다. 하지만 하나님은 그분의 백성이 모일 때 그들과 특별히 함께하신다. 그분은 우리가 찬양하고 말씀을 전하고 주의 성찬과 세례를 거행할 때 우리와 함께하신다. 하나님의 임재는 그 어떤 사역 전략보다도 더 중요하다. 지역 교회는 하나님의 임재로 충만하다.

결론

지역 교회는 하나님의 신성한 섭리와 지혜로 제자들을 세우도록 특별히 지정되었다. 나는 지역 교회들이 하나님의 사역에 참여하기 위해 서로 협력하고 다른 기관들과 협력해야 한다고 확신한다. 하지만 협력을 해야 하는 것이지 위임은 아니다. 지역 교회는 제자훈련을 다른 기관들에 위임할 수 없다. 나는 어떤 지역 교회도 그 교회가 감당해야 할 제자훈련의 책임을 다른 기관에 위임하기로 정했다고는 믿지 않는다. 어쩌다 세월이 흐르다 보니 그렇게 되었다고 본다. 그러나 이제는 교회가 하나님의 가족의 주된 제자훈련 기관으로서 그 역할을 되찾아야 할 때다. 이것이 예수님이 우리에게 원하시는 것이다.

핵심 정리

1. 교회 없는 제자훈련은 목적 없는 제자훈련이다.

2. 교회는 제자들을 만들기 위해 부르심을 받았다. 이제는 이런 교회의 책임을 다른 기관에 위임하는 것을 중단해야 할 때다. 다른 기관들은 교회와 협력할 수는 있지만 결코 교회를 대신할 수는 없다.

3. 지역 교회는 성령님의 '내주와 권능'(임재)을 통해 선교와 그리스도를 닮는 성화(목적)를 위해 준비되고 있는 입양된 하나님의 가족(사람)이 가시적으로 만나는 곳(장소)이다.

토론을 위한 질문

1. 당신은 지역 교회가 제자훈련의 주요 수단이 되어야 한다는 것에 동의하는가? 왜 동의하는가? 아니면 왜 동의하지 않는가?

2. 당신은 지역 교회 대부분이 제자훈련을 선교단체에 맡겨왔다는 것에 동의하는가? 만약 그렇다면, 그렇게 맡긴 것이 어떤 결과를 가져왔는지 끝까지 지켜보았는가? 그렇게 맡기는 것은 그리스도인들과 교회에 어떤 영향을 미쳤는가?

3. 당신의 교회는 교인들의 제자훈련을 위한 주된 수단인가? 아니면 다른 기관에 제자훈련을 위탁하는가?

적용하기

1. 이 책을 토론하는 각 사람이 어떻게 제자훈련을 받아왔는지 나누라. 즉, 주로 지역 교회에서 제자훈련을 받았는지 아니면 지역 교회 밖의 외부기관에서 받았는지 이야기하라.

2. 제자훈련을 통해 어떤 교인을 그 지역 교회의 담임목사로 만드는 상상의 시나리오를 함께 펼쳐보라. 당신의 교회가 비신자를 만나서 그가 20년 후에 차기 담임목사가 될 수 있도록 그를 훈련할 기회를 제공하려면 어떻게 해야 하는가?

3. 머리말을 읽고 토론한 후 메모로 남긴 아이디어 목록을 꺼내라. 1장과 2장을 읽은 후 그 목록을 다듬어 보라. 교회의 병든 제자훈련에 대해 당신이 제안한 치료 계획은 어떻게 실행될 수 있는가?

환경: 제자들을 세우려면 무엇을 갖춰야 하는가?

그동안 우리는 '둘 다'로 답해야 할 질문에 '둘 중 하나'로 대답을 해왔다. 생각해 보라. 당신이 섬기는 교회는 제자훈련을 주로 소그룹 교제를 통해 하는가, 아니면 성경 교육을 통해 하는가?

처음에 우리 교회는 기독교 교육을 기본적으로 포기하고 소그룹 교제를 거의 전적으로 의지하는 사역 철학을 택했다. 그래서 교제를 가장 중요하게 여기는 환경은 많이 주어졌지만, 배움을 가장 소중히 여기는 환경은 거의 없었다. 나는 이런 접근법에 어려움을 느꼈다. 교제도 배움도 모두 제자훈련의 필수 요소였기 때문이다. 나는 소그룹 교제가 많은 면에서 큰 유익을 주지만, 배움에 있어서는 한계가 있음을 알게 되었다.

대부분의 교회가 소그룹 교제나 성경공부 중 한 가지를 선택해 주력한다. 둘 다에 전력을 쏟는 교회는 거의 없다. 둘 다 갖췄다고 해도 그 둘이 모두 필요하다고는 여기지 않는다. 당신이 섬기는 교회는 어떠한가? '둘 다'라고 답해야 할 질문에 '둘 중 하나'라고 대답하는가? 만일 교회가 양자택일하는 접근법을 가졌다면, 아마도 '둘 중 하나'에 속한 제자들을 만들어낼 것이다. 즉, 소그룹에 속해 있지만 교육이 부족한 제자들을 빚어내거나, 배움은 있지만 그리스도인의 삶에 없어서는 안 될 공동체 훈련이 부족한 제자들을 만들어낼 것이다.

지역 교회는 그리스도께서 그분을 따르는 자들을 온전한 제자들로 양성하는 주요한 장소이다. 그리스도의 제자들은 지역 교회에서 하나님을 깊이 알아가며 그분의 사랑의 풍성함을 한없이 누릴 수 있다. 이를 위해 우리는 좀 더 구체적으로 언급할 필요가 있다. 지역 교회는 실제로 '어떻게' 제자를 만들어 양성하는가? 온전한 제자를 양성하기 위해 우리가 실행할 수 있는 지속 가능하고 효과적인 전략은 무엇인가? 만일 통합적인 전략을 구축하지 않는다면 온전하고 깊은 제자를 양성하기를 기대할 수 없다.

첫 번째 질문은 환경에 대한 것이다. 우리는 이미 깊은 제자훈련이 지역 교회에서 이루어져야 한다고 말했다. 하지만 지역 교회가 제자훈련을 위해 어떤 환경을 갖추어야 하는가? 우리 교회에는 온전한 제자를 양성하기 위한 사역 환경이 마련되었는가?

몇몇 교회는 제자 양성이 주로 학습 환경에서 가능하다고 믿는다. 이런 교회들은 성경학교와 같은 환경을 구축한 후 여러 프로그램 및 행사를 중심으로 운영되는 성향이 있다. 어떤 교회들은 온전한 제자 양성이 주로 교제 모임 안에서 가능하다고 믿는다. 이와 같은 교회는 주로 제자들을 소그룹, 가정교회와 같은 모임으로 초대한다. 그렇다면 지역 교회는 온전한 제자 양성을 위해 어떤 환경을 택해야 하는가? 이 질문에 대한 대답이 필요한데, 이는 제자훈련을 위해 건강하고 활기찬 환경을 만드는 것이 교인들로 그리스도 안에서 성장하게 하는 주요 요인이기 때문이다. 많은 교회가 "우리는 어디서 제자를 **만들 수** 있는가?"라고 묻는데, 더 좋은 질문은 "우리는 어디서 제자를 **만들어야** 하는가?"이다.

제자훈련 환경 점검하기

나는 모든 교회와 사역이 제자훈련을 위해 어떤 환경을 만들 것인지 반드시 고려해야 한다고 생각한다. 제자훈련 환경을 평가하는 데 도움이 되는 세 가지 질문은 다음과 같다.

첫째, 우리 교회는 제자훈련을 위해 어떤 환경을 갖추고 있는가? 교인들이 신앙 생활을 배우고 성장할 수 있도록 마련된 모든 환경을 살펴보라. 우리는 매주 하나님의 말씀이 선포되고 찬양하고 기도하는 모임을 갖는다. 아마도 아이들 나이에 맞는 그들 나름의 제자훈련도 갖추었을 것이다. 그리고 세례 학습, 단계별 학습, 정회원 학습 등을 진행할 것이다. 많은 교회가 다양한 상담 프로그램을 통해 사람들이 죄를 고백하고 죄 사함을 경험하는 은밀하고 안전한 환경을 제공한다. 당신이 섬기는 교회는 신자들을 성장시키고 제자로 성숙하게 하는 그러한 그룹 환경이나 교육 과정을 갖고 있는가? 이러한 환경들을 갖추었는지 살펴보고 다음 질문을 고려해 보라. '이러한 환경들은 우리의 제자훈련 과정에서 어떤 역할을 하는가?' 각각의 특정 환경이 기여하는 바를 두세 단어로 적어보라. 제자훈련을 위한 이런 환경들은 다른 사역이 이룰 수 없는 어떤 일을 성취하고 있는가? 그것은 정확하게 무엇인가?

둘째, 그 환경들은 기능을 제대로 하고 있는가, 아니면 죽어 있는가? 그 환경들에 건강과 기능성을 불어넣으면 어떤 모습이 될까? 혹은 그것들을 전부 없애는 편이 더 나을까?

셋째, 우리 교회의 제자훈련 과정에는 어떤 환경이 부족하며, 만일 그것이 준비되면 무엇을 성취할 수 있는가? 사역 환경을 추가할 계획이라면 그것은 무엇인가? 성경 읽기를 훈련하는 전문 프로그램 같은 것인가? 또 무엇을 추가하고 싶은가? 다른 제자훈련 환경들이 지니지 못한 어떤 요소를 추가하기 원하는가?

이 점검을 마친 후 당신의 모든 사역 환경을 다음에 따라 분류하라.

- 반드시 필요하며 지금 사용하는 환경(가지고 있고, 필요로 하고, 지금 활용하고 있음)

- 반드시 필요하지는 않지만 지금 사용하는 환경(가지고 있고, 활용하고 있지만, 꼭 필요하지는 않음)

- 반드시 필요하지만 활용할 수 없는 환경(가지고 있고, 필요로 하지만, 활용이 불가능함)

- 반드시 필요하지도 않고 활용도 할 수 없는 환경(가지고 있지만, 활용하지 않으며, 필요하지도 않음)
- 반드시 필요하지만 갖추지 못한 환경(필요로 하지만, 가지고 있지 않음)

나는 우리 모두가 이런 식으로 자신의 사역을 정기적으로 점검해야 한다고 생각한다. 이런 질문들을 규칙적으로 던지면, 우리의 사역 환경에서 무엇을 유지하고, 무엇을 잘라내고, 무엇을 고정시키고, 무엇을 추가해야 하는지 선별하는 데 도움이 된다.

이 장은 모든 사역 환경에 관한 장이 아니라, 특히 교육 환경에 관한 장이다. 그동안 많은 교회가 교육 환경을 제거하고 교제를 가장 큰 목적으로 하는 제자훈련 환경을 채택하기 시작했다. 간단히 말해, 많은 교회가 성경공부와 교리 교육을 버리고 소그룹 교제를 채택하고 있다. '둘 다'라고 답할 질문에 '둘 중 하나'라고 답한 것이다. 물론 지역 교회에서 공동체 모임은 건강한 제자를 키우는 데 절대적으로 필요한 요소다. 나는 이런 흐름을 이해할 수 있다. 그러나 이 장에서 나는 우리가 깊은 제자를 세우기 원한다면, 지역 교회 안에 공동체 모임을 배경으로 하는 교육 환경을 조성해야 한다고 주장하고 싶다. 이 장은 궁극적으로 지역 교회가 기독교 교육을 되찾아야 한다고 주장할 것이다.

다양한 제자훈련 환경에서 내가 반복해서 듣는 말은 "왜 아무도 지금까지 나에게 이런 말을 하지 않았지?"였다. 우리 교회에 사라(Sarah)라는 젊은 성도가 있는데, 그녀는 직장 때문에 여러 곳으로 이사를 다니면서 여러 건강한 지역 교회의 일원으로 있었다. 그녀는 다양한 사역에 참여해 다른 사람들을 인도하는 일과 자원봉사를 하다가 빌리지 교회에서 제공하는 교육 중 하나에 참여하게 되었다. 그녀는 교육이 끝난 후 종종 나를 찾아와 눈물을 흘리며 말했다. "왜 아무도 지금까지 나에게 이런 말을 하지 않았을까요?" 그녀는 자신이 배우는 것들이 너무 기초적이어서 어떻게 이런 기본적인 교리들을 알지 못한 채 교회에서 그렇게 많은 시간을 보냈는지 말도 안 된다고 말하곤 했다. 한번은 이런 말도 했다. "이런 기본적인 교리들이 옳은 것이라면 모든 사람이 그 교리들을 알 필요가 있습니다. 어떻게 이 자료를 더 많은 사람에게 전달할 수 있을까요?" 그녀는 종종 삼위일체론이나 그리스도론 같은 상당히 중요한 신학적 주제를 다룬 수업을 마친 후에 그렇게 말하곤 했다.

그때까지 그녀는 기독교 신앙의 깊은 진리를 가르쳐주는 교회를 다닌 적이 없었다. 나중에 그녀는 자신이 참여했던 훌륭한 공동체 훈련에 감사하다고 말하며 그런 훈련 역시 자신의 영적인 활력에 꼭 필요한 것들이라고 말했다. 그러나 너무 오랜 세월을 보낸 후에야 이런 신앙의 기초 교리들을 배우게 되었다며 한탄했다. 그녀는 자신의 영적 여정에 대해 "나는 사람들과 잘 알고 지냈지만 내가 무엇을 믿고 있었는지 알지 못했다"라고 말했다. 사라는 '둘 중 하나'만 가진 교회에 몸담고 있었다. 그래서 '둘 중 하나'의 제자로 살았던 것이다.

나는 그런 이야기를 많이 들었고 나 역시도 그런 대화를 여러 번 했다. 오늘날 교회는 앞 장에서 논의한 바와 같이 다른 사람들과 가족 관계를 누리는 소속력 있는 장소가 되어야 한다. 이 요소는 매우 중요하다. 건강한 제자도의 커다란 위협은 고립이며, 교회는 특히 서구에 퍼진 고독이라는 전염병을 치유하기 위한 진정한 공동체를 제공해야 한다. 그리스도인의 삶에서 공동체의 중요성은 아무리 강조해도 지나치지 않다. 우리가 살아가는 이 세상은 자율적인 결정과 개인주의에 크게 물들어 있다. 그러므로 교회는 그리스도인의 삶에 있어 공동체의 중요성을 증언해야 한다.

그럼에도 불구하고 나는 지역 교회에서 기독교 교육을 강화해야 한다고 강력히 주장한다. 나는 분명히 말하고 싶다. 공동체 훈련은 제자훈련에 없어서는 안 되지만, 그것이 제자훈련은 아니다. 우리는 공동체를 벗어나서는 그리스도의 제자가 될 수 없다. 그러나 그리스도의 제자가 되는 데 필요한 교육을 제공하지 않는 공동체가 있을 수 있다. 우리가 사람들을 공동체 안으로 끌어들인다고 해서 그들이 제자로 자라나는 것은 아니다. 다시 말해, 사람들을 공동체와 연결시키는 것만으로는 충분하지 않다. 지역 교회는 예수님과 동행하는 법을 배우는 데 헌신된 공동체여야 한다. 즉, 배우는 공동체가 되어야 하는 것이다.

온전한 제자를 양성하기 위해서는 지역 교회가 교육 중심의 제자훈련을 되찾아야 한다. 제자훈련은 다른 사람들을 알아가는 것일 뿐만 아니라 하나님을 알아가는 것이다.

지역 교회는 기독교 교육에 있어서 힘든 시기를 보내고 있다. 우리는 학습 환경만이 이룰 수 있는 일을 교제 중심의 환경에 크게 의존해 왔다. 그래서 지금 엄청난 대가를 치르고 있다. 과거에 기독교 교육은 많은 지역 교회에서 전성기를 누린 적이 있다. 전통적인 주일학교, 수요일 저녁 또는 주일 저녁 예배, 매주 성경공부 등 많은 교회가 기독교 교육을 중심으로 운영되던 때가 있었다. 그때는 많은 교회가 기독교 교육을 위한 환경을 갖추고 있었다. 하지만 지난 수십 년간 교회 대부분이 소그룹을 중심으로 교제하는 교회로 변화되었다. 그 변화 과정에서 교육과 배움은 제자훈련에 있어서 필수 요소가 아니라 보조물이 되었다.

이는 잘못된 방향이다. 제자가 된다는 것은 학습자가 된다는 것이기 때문이다. 제자들은 예수님의 도를 배운다. 제자도에 대한 가장 기본적인 정의 중 하나는 대사명(the Great Commission)에서 찾을 수 있다. "하늘과 땅의 모든 권세를 내게 주셨으니 그러므로 너희는 가서 모든 민족을 제자로 삼아 아버지와 아들과 성령의 이름으로 세례를 베풀고 **내가 너희에게 분부한 모든 것을 가르쳐 지키게 하라**"(마 28:18-20, 강조는 저자 추가). 예수님에 따르면, 제자도는 배우고 가르치는 것에 관한 일이다. 제자도는 배워서 가르치는 교사가 되는 것에 중점을 둔다. 제자를 만든다는 것은 학생을 만들고, 학교에 데려오고, 교육하고, 스승이 되어 친히 보여주는 것을 의미한다.[1]

지역 교회가 가르치지 않는다면 어떻게 우리 지체들이 예수님의 도를 따를 수 있겠는가?

---

[1] Frederick Dale Bruner, *Matthew: A Commentary: The Churchbook, Matthew 13-28*, Rev., Expanded ed., vol. 2 (Grand Rapids, MI: Eerdmans, 2007), 815.

예수님이 말씀하신 제자는 세례를 통해 삼위일체 하나님의 사람이 되고 순종을 통해 그리스도의 가르침을 따르는 사람이다. 오늘날 교회가 직면한 가장 큰 도전 중 하나는 제자훈련이 회심으로 끝난다는 것이다. 이 시대 제자훈련 모델은 회심과 교제 공동체다. 우리는 배우며 성장한다는 개념을 공식에서 제거했고, 그 결과 배움을 위한 환경이 크게 줄어들었다. 회심은 그리스도인의 삶의 끝이 아니라 시작이다. 교회 가족으로 입양되는 것은 신자의 삶의 끝이 아니라, 시작이다.

오늘날 기독교 교육의 소멸이 비극적이면서도 아이러니한 이유는 교육이 가장 필요한 때에 소멸했기 때문이다. 여러 반복적인 연구 결과에 따르면 현대 그리스도인들은 성경도 모르고 믿음의 기본도 모르고 있다. 또 영적 훈련을 어떻게 실천하는지도 모르는 것으로 나타났다. 우리는 기독교의 기본 신앙에 대해 무지한데도 불구하고 그리스도인의 삶을 위한 배움의 중요성을 덜 강조하는 사역 철학을 택하고 있다. 어떤 이유에서인지 우리는 교회에서 배우고 가르치는 것에 대해 회의적인 생각을 품게 되었다. 다수의 증거 자료에 따르면, 많은 제자훈련 과정에 기본적인 성경 지식과 신학적 지식이 부족하다는 사실이 드러났는데 이는 불행한 일이다. 교회가 깊은 제자훈련으로 고심하는 지금, 사역의 수많은 모델이 교회 내 학습 환경에서 분명하게 멀어진 상태라는 현실은 비참한 일이다.

공동체 안에 있지만 배우지 못하는 제자들은 이웃을 사랑하되 하나님은 사랑하지 않을 위험에 처할 수 있다. 배우기는 하지만 공동체에 있지 않은 제자들은 하나님을 사랑하되 이웃은 사랑하지 않을 위험에 처할 수 있다. 배움과 공동체 훈련을 함께하는 제자들은 하나님과 이웃을 사랑하는 사람이 될 가능성이 크다.

제자훈련 환경 갖추기

그렇다면, 사람들을 그리스도의 온전한 제자로 양성하는 제자훈련을 위해 교회는 어떤 환경들을 갖춰야 할까?

우리는 학습 환경을 회복해 교제 공동체 환경과 함께 나란히 (교제 공동체를 대신하는 것이 아니라) 두어야 한다. 우리가 범하는 실수는 '둘 중 하나'로 두 가지를 모두 수행할 수 있다고 가정하는 것이다. 이제 우리는 '둘 중 하나'가 아니라 '둘 다' 필요하다는 것을 인정해야 한다. 교제 공동체가 주도하는 환경에서는 배움이 이루어져야 하고, 배움이 주도하는 환경에서는 교제가 이루어져야 한다. 깊은 제자훈련은 배움을 가장 큰 목적으로 하는 환경과 공동체를 가장 큰 목적으로 하는 환경을 모두 갖춘 지역 교회에서 가능하다.

제자훈련 환경을 자세히 살펴보기 전에 그리스도께서 자신의 교회를 세우시는 주된 환경이 주일 모임이라는 점을 짚어볼 필요가 있다. 나는 온전한 제자훈련 문화를 만들고자 하는 교회는 하나님을 선포하는 설교와 회중 예배를 통해 공동체적으로 주님의 백성을 빚어내고 양성하는 일을 소중히 여겨야 한다고 믿는다. 불행하게도, 이 시대 사역 동향 중 하나는 주일 모임이 약화되는 것인데, 이는 낮은 참석율과 교회들이 모임을 게을리하는 것에서 볼 수 있다. 히브리서의 저자는 친교와 복음 선포를 위해 함께 모이는 것의 중요성을 일깨워준다. "서로 돌아보아 사랑과 선행을 격려하며 모이기를 폐하는 어떤 사람들의 습관과 같이 하지 말고 오직 권하여 그 날이 가까움을 볼수록 더욱 그리하자"(히 10:24-25). 교회는 선포되는 말씀과 규칙적인 성례와 성도의 교제를 통해 세워진다.

최근 몇몇 연구에 따르면, 가장 헌신적인 그리스도인들조차 평균 한 달에 두 번 교회에 간다고 한다. 이는 그들이 모여야 할 의무의 50퍼센트밖에 되지 않는다. 교인들이 1년에 스물여섯 번만 교회에 나온다면 온전한 제자훈련 문화를 만들기란 절대 불가능하다. 깊은 제자훈련을 방해하는 가장 손쉬운 방법은 교회에서 정기적으로 모이기를 포기하는 것이다.

매 주일 모임은 깊은 제자훈련을 위해 반드시 필요하다. 사람들이 규칙적인 모임을 통해 변화하지 않는다면 우리의 사역 철학이 무엇이든 아무런 효과가 없다. 만일 교회 전체가 규칙적으로 모이지 않는다면, 사람들이 얼마나 많은 공동체 그룹에 속해 있든, 얼마나 많은 성경공부나 교육에 참여하든, 또는 얼마나 많은 책을 읽든 중요하지 않다. 주일 모임에서 우리는 함께 모여 서로에게 기쁜 소식을 선포하고, 삼위일체 하나님을 찬양하며, 설교 말씀을 듣고, 성례에 참여한다. 아마도 수십 년 동안 정기적으로 교회에 출석하는 것보다 더 사람을 변화시키는 일은 없을 것이다. 2020년 봄, 코로나 바이러스로 인해 전 세계 많은 교회가 주일 모임을 연기하고 비대면 예배를 택한 이후 교회는 이 사실을 다시 확인하게 되었다.

하지만 매 주일 모임으로는 충분하지 않다. 우리는 항상 제자훈련을 받아야 한다. 우리는 단지 일주일에 하루나 이틀이 아니라 7일 내내 사람들을 양성하는 사역 철학을 택할 필요가 있다. 주일에 복음을 듣는다고 해서 그들이 주중에 다른 세력들의 영향을 받지 않는다고 가정할 수 없다. 만일 우리가 주일에 두 시간을 교회에서 보내고 주중에 매일 네 시간씩 영화를 본다면 우리는 매번 영적 전투에서 질 것이다. 우리는 주중 하루나 이틀이 아니라 매일 사람을 변화시키는 그러한 사역 철학을 개발하고 구현해야 한다.

주일 모임 외에도 우리가 지역 교회에 다시 갖춰야 할 제자훈련 환경은 남녀 성경공부다. 이런 성경공부는 성경 전체를 한 줄씩 다 읽도록 고안되어야 한다. 성경공부는 매우 중요한데, 점점 더 성경적으로 문맹이 되어가는 교인들에게 성경을 책임 있게 읽고 가르치는 모범적인 방법을 제시하기 때문이다. 우리는 또한 각 성별로 배우는 학습 환경의 중요성을 믿는다. 우리는 이를 통해 가르치는 은사를 가진 남녀를 키우고, 그들에게 공동체의 유익을 위해 가르칠 기회를 줄 수 있다.

우리가 구축한 또 다른 제자훈련 환경은 교리 교육이다. 우리는 신앙의 본질적인 기본을 집중적으로 가르치는 세 개의 특정 수업을 만들었다. 그 수업들은 불신자 또는 새신자들이 쉽게 접근할 수 있도록 설계

되었고, 사람들이 신앙의 기본을 배운 다음에는 대화에 참여하도록 했다. 우리는 이러한 환경을 만들어 놓고 교회의 모든 사람들이 자신의 믿음에 대해 서로 대화를 나눌 수 있게 했다.

앞서 이야기한 1년 과정 훈련 프로그램도 시행했다. 이 프로그램은 성경 이야기를 통해 사람들에게 기본적인 기독교 신앙을 소개하고 그들이 영적인 습관을 갖도록 고안되었다. 참가자들에게 교리문을 쓰고, 성경을 외우고, 20분 동안 성경 이야기를 하게 했다. 그들은 아타나시우스, 어거스틴, 칼빈 등의 주요 저작들을 읽었다. 우리는 심지어 지역 신학교들과 연계할 수 있었다. 그래서 제자훈련 참가자들이 원한다면 신학교 학점을 취득할 수도 있었다.

처음 훈련 프로그램을 시작했을 때, 우리는 매년 15~20명의 학생들이 참여할 수 있기를 기도하고 있었다. 강도 높은 수준에서 15~20명을 훈련시킨다면 앞으로 5~10년 동안 교회의 문화를 변화시킬 수 있으리라 생각했다. 그런데 첫해에 우리는 459명의 지원자를 받았다.

나는 많은 사람이 지원한 것을 보고는 흥분보다는 두려움을 느꼈다! 그 프로그램을 시작한 첫해에 어떻게 그 많은 참가자를 수용할 수 있을까? 우리는 기준을 정한 후, 첫해에 250명의 학생을 받았다. 나는 비관적인 마음으로 우리가 그렇게 많은 학생을 유지할 수 없으리라 생각했다. 그러나 지난 5년 동안 우리는 90퍼센트 이상의 학생 보유율을 유지했으며 1,000명 이상의 훈련 프로그램 졸업생을 배출했다. 나는 이 숫자들을 우리 교회를 자랑하기 위해서가 아니라 사람들이 얼마나 배움에 간절한지를 보여주기 위해 공유한다. 우리 교회는 처음에 내가 예상한 수보다 25배나 많은 지원자를 받았다. 당신의 교회에도 열성적으로 배우고자 하는 사람들이 예상보다 많을지 누가 알겠는가? 그들은 가르침을 받고 싶어 하고, 배우고 싶어 하고, 깊이 알고 싶어 한다. 그들은 우리가 이와 같은 환경을 구축해 그들의 믿음을 더욱 깊이 길러주기를 원한다.

우리는 또한 '사역'과 '일터'라는 두 트랙으로 1년 과정의 전문 프로그램을 도입했다. 사역 트랙은 장로와 집사의 자격을 갖추도록 설계되었다. 일터 트랙은 직장인들이 복음과 하나님의 영광이라는 관점에서 자신의 직업을 볼 수 있도록 고안되었다.

우리가 이런 학습 환경을 구축할 때 가장 자주 받은 질문은 이것이다. "배움에 중점을 둔 제자훈련 환경이 소그룹 모임과 부딪히지는 않습니까?" 이런 질문이 이해는 간다. 그들은 사람들이 교육을 받느라 소그룹 생활에서 멀어지지 않을까 우려했다. 나는 그 질문이 이것 아니면 저것을 택하는 우리의 제자훈련 접근 방식을 보여준다고 생각한다. 우리 교회는 교육 환경이 교제 환경과 전혀 부딪히지 않는다는 사실을 확인했다. 두 환경은 서로를 보완했다. 교회 생활에 학습 환경을 도입하는 것은 소그룹 사역을 집어삼키지 않는다. 오히려 소그룹 사역을 강화한다. 우리 교회민 보아도 2천 명이 교육 과정에 지원했고 250명이 훈련 프로그램을 받았으며 20명이 전문가 과정을 이수했는데, 교육 환경은 우리의 소그룹 사역을 해치지 않고 도리어 강화했다.

우리가 사람들에게 소그룹에 속해도 교육 과정에 참여할 수 있다고 말하자 사람들은 마치 짐을 벗은 듯 자유를 느꼈다. 우리는 그들에게 공동체에 머물면서 배우기도 하라고 말했다. 그러나 자신들의 필요와 바람에 따라 자신에게 가장 좋은 것이 무엇인지 결정할 책임은 각자에게 있다.

이 두 환경 사이의 관계에 대한 또 다른 반복되는 질문은 이것이다. "한 가지 환경에서 배움과 교제를 둘 다 성취할 수 있지 않습니까?" 솔직히 그 대답은 '아니오'이다. 앨런 듀티(Allen Duty)는 "교회가 '단지' 주일학교만 제공하거나 '또는' 소그룹만을 제공할 때, 그들은 교실에서 거실을 기대할 것이고, 거실에서는 교실을 기대할 것이다"라고 지적한다.[2]

이상적으로 지역 교회는 두 환경 모두를 갖춰야 한다. 그렇다. 공동체에 기초한 환경은 배움의 요소를 지녀야 한다. 교육에 기초한 환경은 교제의 요소를 지녀야 한다. 그러나 가장 이상적인 것은 배움을 목적으로 하는 환경과 교제를 목적으로 하는 환경을 모두 갖추는 것이다.

그렇다면 모든 사람이 늘 두 환경 모두에 속해야 하는가? 그것은 사람마다 다르다. 그 사람의 전체적인 제자훈련 여정을 볼 때 부족한 것은 무엇인가? 그는 배움을 위해 마련된 환경과 교제를 위해 마련된 환경 중 어디에서 가장 많은 유익을 얻을 수 있는가? 그의 삶은 어떤 단계

---

[2] Allen Duty, "Sunday School and Small Group: Friends Who Need No Reconciliation," *The Gospel Coalition* 블로그에 2017년 11월 30일에 게시된 글을 2019년 12월 20일에 접속함. https://www.thegospelcoalition.org/article/sunday-school-and-small-group-friends-who-need-no-reconciliation.

에 있는가? 어린 자녀들이 있는가? 기혼인가? 지역 교회가 두 환경을 모두 제공할 때 우리는 다양한 영적 수준과 삶의 단계에 따른 필요를 채울 수 있다.

깊은 제자를 세우려면 교제 중심의 제자훈련 환경을 잃어서도 안 되겠지만, 그보다는 많은 교회가 기독교 교육 환경을 되찾아야 할 것이다. 이것이 내가 이 장에서 강조하는 바이다. 즉, 깊은 제자훈련은 교제와 배움을 동등하게 지향하는 것이며, 교회는 그런 일이 가능하도록 두 개의 다른 환경을 제공해야 한다. 그것이 최선이다. 많은 교회들이 제자훈련의 전략으로 소그룹을 지나치게 의존하고 있다. 우리는 교회 생활에서 배움의 환경을 되찾는 방향으로 노력해야 한다. 그러나 학습 지향적인 환경을 되찾기 위해 공동체 지향적인 제자훈련 환경을 없애는 식으로 나아가서는 안 된다. 우리는 그 둘 모두가 필요하며, 이 사실을 인식해야 한다.

학습 환경은 어떠해야 하는가?

학습 환경과 공동체 지향적인 환경을 어떻게 구분할 수 있을까? 지역 교회의 학습 환경은 변혁적이면서 자발적인 모습일 때 가장 좋다. 학습이 가장 높은 목표지만, 우리는 단지 지식을 목표로 하는 것이 아니라 전인의 변화를 목표로 하기에 학습 환경은 변화를 일으킬 수 있어야 한다. 지역 교회의 기독교 교육 환경은 단순히 지식을 알려주는 것이 아니라 전인적인 변화를 지향한다. 우리의 목표는 단지 더 똑똑한 그리스도인들을 만드는 것이 아니라 거룩한 사람들을 만드는 것이다.

배움을 위한 환경은 또한 능동적일 필요가 있다. 우리는 지금까지 교회에서 수동적인 학습을 충분히 받아왔기 때문에 적극적인 학습을 도입하는 일이 필요하다. 수동적인 학습은 수동적인 제자를 만드는 경향이 있다. 적극적인 학습은 적극적인 제자를 만들어낼 것이다. 활발한 학습 환경은 네 가지 중요한 특징을 지니는데, 깊은 제자훈련은 우리가 적극적인 학습이란 네 개의 다리를 가진 테이블에 사람들을 초대할 때 가능하다.

첫째, 수업 전에 참가자들이 무언가를 준비하도록 해야 한다. 관련된 글 및 책의 한 부분을 읽어오게 하거나 예습 등을 해오도록 한다. 이 과정은 참가자들이 성장할 필요를 깨닫게 하도록 도울 것이다. 우리의 성경공부와 교과 과정은 너무도 자주 부족함보다는 만족감을 느끼게 한다. 우리는 참가자들이 낙심하지 않도록 감당 못 할 어려운 과제를 주어서도 안 되지만, 그들이 더 많은 것을 배우기를 갈망하도록 도전할 수 있어야 한다.

둘째, 인도자가 가르치기 전에 참가자들은 소그룹으로 모여서 예습한 내용을 토론해야 한다. 예습과 그룹 토론은 서로 다른 많은 의견을 내게 할 것이다. 그들은 진리를 향한 여정에서 함께 배우는 공동체가 되고 있다. 이 두 단계를 따르면서 참가자들은 자신이 알지 못하는 것이 있다는 사실을 인식하게 된다. 우리는 참가자들이 다 안다는 인식이 아닌, 모르는 것이 있다는 인식을 가진 상태에서 수업 시간을 기다리도록 만들어야 한다.

셋째, 그다음 더 큰 그룹의 교육 환경이 주어져 한다. 여기에서 우리는 그들을 가르치며, 토론을 통해 야기된 의견 차이를 해소할 기회를 얻게 된다. 이때는 우리가 훌륭한 선생이 될 때가 아니라 그들이 훌륭한 학습자가 되도록 도와주어야 할 때다. 이를 위한 최고의 가르침은 설교가 아닌 대화이다. 우리는 자료를 통해 그들의 이해를 도우면서 질문을 던질 뿐 아니라, 우리도 그들과 함께 배우고 있음을 보여주어야 한다.

넷째, 참가자들은 그들이 배운 내용을 다른 사람에게 분명히 전할 수 있어야 한다. 이 마지막 단계는 심층 학습을 위해 꼭 필요하다. 매주 말미에 "당신은 무엇을 배웠고 누구에게 그것을 가르치고 있습니까?"라고 물어보라. 이것이 진정한 학습이 이루어지는 때다. 피터 드러커(Peter Drucker)는 "가르치는 사람만큼 가장 많이 배우는 사람은 없으며, 다른 사람의 발전을 돕는 사람만큼 가장 많이 발전하는 사람도 없다. 실제로, 다른 사람의 발전을 위해 수고하지 않는다면 그 누구도 자신을 발전시킬 수 없다"라고 주장했다.[3] 이것이 진정한 제자훈련이다. 우리는 모든 참가자에게 하나님이 그들에게 가르치시는 것에 대해 그들의 배우자, 동료, 자녀 또는 이웃과 대화할 기회와 책임을 제공해야 한다. 모

---

3 Peter F. Drucker, *Management* (New York: Harper Business, 2008), 428; 피터 드러커, 『매니지먼트』, 남상진 역, 청림출판.

든 제자는 제자를 만들고, 적극적인 학습 환경은 모든 참가자가 어느 정도 교사의 역할을 하기를 요구한다. 적극적인 학습 환경의 목표는 훌륭한 가르침이 아니라 깊은 학습이다. 심층 학습은 예습, 그룹 토론, 대화식 교육 및 참가자의 분명한 나눔을 통해 이루어진다.

깊은 제자훈련은 교제와 배움의 환경들이 협력할 때 추진된다. 이 두 제자훈련 환경이 교회 생활에 존재할 때, 제자도는 의도대로 번성할 수 있다.

우리 교회는 교육 환경을 재도입하면서 어려움을 겪었다. 지난 수년 간 우리는 제자훈련이 소그룹에서 이루어져야 한다고 말했고, 사람들은 '소그룹에는 반드시 들어가야 하며, 교육은 받을 수도 있고 아닐 수도 있다'라고 생각하도록 훈련받았다. 우리가 교육보다 소그룹을 우선시했기 때문에 사람들이 학습보다 교제를 우선시했다. 이것은 실수였다. 우리는 사람들의 생각을 바로잡아야 했다.

우리는 사람들에게 소그룹은 제자훈련에 필수적이지 않다는 사실을 보여주어야 했다. 교제는 필수적이지만 소그룹은 그렇지 않다. 마찬가지로 배움은 필수적이지만 강의는 그렇지 않다. 모든 제자들은 교제하며 배우도록 부르심을 받았다. 우리는 사람들에게 특정 사역에 참여하는 것보다 교제와 배움의 중요성을 깨닫도록 재교육해야 했다. 즉, 사람들이 제자훈련 과정을 밟기 전에 제자훈련의 큰 그림을 보아야 했다. 제자들은 배우는 사람이며 공동체에 속해 있다. 사람들에게 다음 단계를 제시하는 것은 중요하지만, 그들이 어떤 사람이 되어야 하는지를 보여주는 것만큼 중요하지는 않다. 다시 말해, 우리는 "나는 무엇을 해야 하는가?"라는 질문에 답하기 전에 더 중요한 질문인 "나는 어떤 사람이 되어야 하는가?"에 답할 수 있어야 한다.

우리가 '둘 다'의 질문에 '둘 중 하나'로 대답한다면, 온전한 제자를 만들 수 없다. 학습 기반 환경과 교제 기반 환경은 서로 부딪히지 않는다. 그 둘은 서로를 보완한다. 우리가 교제 중심의 환경만을 갖추고 있다면, 우리는 어느새 교제가 제자훈련의 유일한 기둥이라고 믿게 될 것이다. 배움 중심의 환경만 갖춘다면 어느새 배움이 제자훈련의 유일한 기둥이라고 믿게 될 것이다. 간단히 말해, 우리는 사역에 대한 '둘 다'의 접근법 대신 '둘 중 하나'의 접근법을 개발할 것이다. 그러나 '둘 다'의 접근법이 교회가 깊은 제자훈련을 개발하는 데 도움을 준다.

제자들로 채우는 교회

핵심 정리

1. 많은 교회가 '둘 다'라고 답해야 할 질문에 '둘 중 하나'라는 답변을 제시해왔다. 즉 학습 지향적인 제자훈련 환경을 선택하거나 교제 지향적인 제자훈련 환경을 선택했는데, 우리는 둘 다를 선택해야 한다.

2. 교제는 제자훈련에 없어서는 안 되지만 교제가 제자훈련인 것은 아니다. 우리는 교제 없이 그리스도의 제자가 될 수 없지만, 그리스도의 제자도를 가르치지 않는 공동체에 있을 수 있다.

3. 적극적인 학습을 가장 큰 목적으로 하는 제자훈련 환경은 깊은 제자훈련에 반드시 필요하다.

토론을 위한 질문

1. 당신의 교회는 주로 교제 중심의 제자훈련 환경을 택하는가, 아니면 배움 중심의 환경을 택하는가? 그 이유는 무엇인가? 그 환경이 당신의 교회 문화를 어떻게 변화시켰는가?

2. 당신은 지역 교회들이 두 가지 종류의 제자훈련 환경을 모두 제공해야 한다고 생각하는가? 왜 그렇게 생각하는가? 아니라면 왜 그렇지 않은가?

3. '적극적인 학습 환경'을 정의하라. 당신의 교회는 이런 환경을 갖고 있는가? 그렇지 않다면, 당신은 반드시 그런 환경을 가져야 한다고 믿는가? 당신의 교회에서 이러한 학습 환경을 취한다면 어떤 모습이 되겠는가?

적용하기

1. 앞에서 언급한 제자훈련 환경 점검 목록을 살펴보고, 교회의 각 사역을 이 범주 중 하나에 놓으라.

2. 당신의 교회에 있는 제자훈련 환경을 모두 나열해 보라. 교제 지향적인 환경은 몇 개이며 배움 지향적인 환경은 몇 개인가? 적극적인 학습을 증진하는 것이 있다면 전부 나열하라. 아직 적극적인 학습을 증진하지 않고 있다면, 어떻게 해야 적극적인 학습 환경으로 전환할 수 있는지 기획하라.

3. 교회의 제자훈련 환경 중 일부를 바꾼다면 (어떤 것은 제거하고 다른 것을 더하면서) 그 여정은 어떠할지 예측해 보라. 당신이 듣게 될 다양한 반대 의견을 나열해 보고, 당신이 왜 이러한 변화를 시도하는지 회중에게 어떻게 설명할지를 말하라. 회중의 의지에 반해 변화를 강요하기보다 그들을 깊은 제자훈련 문화로 부드럽게 인도하는 방법에 관해 토론하라.

4장

범위: 제자들에게 필요한 훈련은 무엇인가?

나는 언젠가 수십 가지의 교과 수업과 소그룹을 위한 다양한 강의(설교 토론을 포함)를 제공하는 교회에서 일한 적이 있다. 이 교회는 학습 환경과 교제 환경을 동등하게 갖추려고 노력했는데, 이는 멋진 시작이었다. 육아 교육, 성경 이야기 수업, 청지기적 재정 관리를 돕는 커리큘럼, 치유 커리큘럼 및 관련 그룹들, 젊은 부부 그룹 등 여러 멋진 프로그램을 제공하고 있었다. 이들은 모두 훌륭한 주제이며, 그중 일부는 아마도 제자의 삶에 있어서 꼭 필요할 것이다.

하지만 나는 교회 직원들이 왜 이 교회가 이런 수업은 제공하고 다른 수업은 제공하지 않는지 전혀 모르는 것을 알게 되었다. 수년에 걸쳐 새로운 과정들이 만들어졌고, 직원들은 들어오고 나갔고, 마침내 소위 '프랑켄슈타인(Frankenstein) 사역 철학'으로 불리는 것만 남게 되었다. 프랑켄슈타인 사역 철학이란 잘 들어맞지 않는 여러 사역을 도입하다가 결국 큰 괴물을 낳게 되는 사역 철학을 말한다. 프랑켄슈타인 사역 철학은 전체 그림을 고려하지 못한 채 세월이 흐르면서 이것저것을 추가하고 빼고 섞는다. 각 사역은 자기 사역에 중요한 것만을 보고 따로 운영된다.

사역에 대한 '둘 중 하나' 접근 방식과 마찬가지로 프랑켄슈타인 사역 철학은 온전한 제자를 양성할 수 없다. 일반적으로 이런 결과는 "제자들에게 무엇이 필요한가?"라는 더 나은 질문 대신에 "제자들은 무엇을 원하는가?"라는 질문을 할 때 발생한다. 선한 목자는 양들에게 무엇을 원하는지 묻는 대신에, 양들에게 무엇이 필요한지 안다.

이런 질문을 해본 적이 있는가? "이 모든 부분들은 어떻게 하나로 들어 맞는가?" 예를 들어, 왜 로마서 수업은 없고 육아 수업은 제공하는가? 왜 구원의 교리에 관한 수업은 없고 신론에 관한 수업은 제공하는가? 우리는 선교단체를 운영해야 하는가, 아니면 소그룹을 운영해야 하는가? 그 소그룹들은 그들 나름의 커리큘럼을 가지고 나눔을 하는가, 아니면 설교에 대해 토론하는가? 우리는 우리가 왜 특정 주제를 가르치고 훈련하는지, 그리고 그 주제가 다른 훈련들과 어떻게 연관되는지 심각하게 고민한 적 없다는 사실을 알게 되었다.

시간이 지남에 따라 여러 프로그램이 추가되었고, 우리는 왜 우리가 어떤 프로그램을 해야 하고 또 해서는 안 되는지를 정말로 알지 못했다. 우리는 제자훈련을 위해 어떤 교과 과정이 (단지 도움이 되는 것뿐만 아니라) 왜 반드시 필요한지를 결정하기 위해 실제로 한자리에 앉은 적이 없었다.

교회 지도자들이 어떤 것은 가르치고 어떤 것은 가르치지 않는지에 대해 그 이유를 모른다면 배우는 사람들도 분명히 혼란스러울 것이다. 우리는 다음과 같은 질문을 한 적이 없었다. "이것은 필요한 것인가, 아니면 보기에 좋은 것인가?"

내 경험에 따르면 대부분의 교회가 그렇다. 우리는 사람들에게 멋진 프로그램과 소그룹들과 교과 과정을 제공한다. 그러나 우리는 각각의 제자훈련 수업, 교과 과정, 또는 소그룹이 서로 어떤 연관이 있는지 확신할 수 없다. 우리는 이 모든 것이 어떻게 조화를 이루는지 확신할 수 없다. 가장 효과적인 교회는 합쳐진 사역이 각 사역보다 크다는 것을 안다. 각 사역이 전체 사역에 어떻게 기여하는지 알 때 우리는 서로 분리되기보다 더욱 함께할 수 있다. 이런 어려운 질문을 던지고 그 질문에 대답하는 교회는 깊은 제자를 만들어 계속 양성하는 가장 큰 기회를 얻게 된다. 이 모든 중요한 질문들은 범위의 문제에 속한다. 즉, 제자들이 온전히 성장하기 위해서는 무엇이 필요한가?

이런 질문들은 지역 교회가 제자훈련을 위한 통합적인 계획을 세우는 데 있어 가장 중요한 질문들이다. 이 질문들에 대답하는 것은 교회에 큰 변화를 주겠다는 뜻이기 때문에 많은 용기가 필요하다. 교회가 묻고 대답해야 할 가장 중요한 질문들은 다음과 같다. "제자들에게 무엇이 필요하며, 교회는 그 필요를 어떻게 채울 수 있는가? 교인들을 온전한 백성으로 살아가도록 훈련하고, 세우고, 준비하기 위해 우리 교회는 어떤 변화가 필요한가? 우리가 소그룹, 수업, 커리큘럼을 통해 제공하는 모든 것이 제자도에 필요한 것인가, 아니면 단지 멋진 것들인가?" 이들은 모두 궁극적으로 범위에 관한 질문들이다. 교회가 교인들의 마음과 영혼과 생각과 몸에 새겨 넣을 제자도에 있어 무엇이 꼭 필요한가? 그런 제자훈련의 유일한 특징은 무엇인가? 이처럼 범위는 무엇이 제자훈련에 필수적이며 또한 무엇이 제자도의 특징인지를 규정한다.

체육관은 사람들이 건강, 체력, 근력 운동 및 식이 요법에 대한 이해를 키우도록 도와줌으로써 그런 질문들에 답한다. 아마도 체육관에서 코치가 뜨개질 가르치는 모습을 보기란 어려울 것이다. 왜인가? 그들은 자신의 책임 범위를 명확하게 정의했기 때문이다. 교회를 포함한 모든 기관은 '의도적이든 의도적이지 않든' 이미 범위 문제에 대답을 했다. 체육관의 코치는 회원들에게 무엇이 필요한지를 알고, 학교는 학생들에게 무엇이 필요한지를 안다. 그런데 당신의 교회는 제자들에게 무엇이 필요한지 알고 있는가?

제자훈련에서 양보할 수 없는 것

자, 여기에 당신을 위한 몇 가지 질문이 있다. 당신은 교인들이 어떤 분야에서 훈련을 받고, 세움을 받고, 자라나게 할 것인지 결정했는가? 제자훈련에 있어서 절대로 양보할 수 없는 분야는 무엇인가? 당신은 실제로 이 분야에서 사람들을 훈련하고 성장시키고 있는가? 범위에 대한 질문은 대답하기 힘들 수 있다. 왜냐하면, 당신의 교회가 많은 시간과 에너지와 관심을 멋진 일에는 쏟지만 꼭 필요하고 귀한 일에는 쏟지 않다는 사실을 발견하게 될지도 모르기 때문이다.

나는 내가 섬겼던 교회에서 그 사실을 깨달았다. 나는 어떤 사역을 관리하게 되었는데 그 사역은 39개의 다양한 훈련 과정을 제공하고 있었다. 그런데 전체 참가자 수가 129명이었다. 각 수업에 약 세 명에서 여섯 명 정도가 참여한 셈이었다. 나는 멋지지만 불필요한 훈련 과정에 쏟는 모든 시간과 에너지와 관심은 그저 프랑켄슈타인 사역 철학을 키울 뿐이란 사실을 알게 되었다.

내가 대학에서 그리스도인이 되었을 때, 이것이 대부분의 교회와 기독교 단체에서 크게 소홀히 여기는 문제라는 사실을 알게 되었다. 그들이 가르치지 않거나 훈련하지 않는 것은 아니었다. 다만 그들은 왜 그들이 특정한 것을 가르치고 훈련하는지를 잊었다. 내가 만난 대부분의 그리스도인은 주님에 대한 깊은 사랑이 있었지만 깊은 제자가 되는 것과 관련해서는 훈련을 받지 못했다. 그들은 프랑켄슈타인 사역 철학의 수혜자이자 산물이었다. 그들은 성경 이야기를 알았지만 성경이 말하려는 골자는 알지 못했다. 그들은 부수적이거나 비본질적인 기독교 교리는 알지만 신앙의 기초는 알지 못했다. 그들은 그들이 기도해야 한다는 것을 알았지만 온전한 제자를 양성하는 더 큰 그림의 영적 훈련에 대해서는 모르고 있었다. 대체로 그들의 제자훈련과 모습은 프랑켄슈타인 사역 철학을 반영했다. 이들은 범위가 불분명하고 목표가 분명하지 않은 제자훈련의 산물이었다.

모든 교회는 제자훈련의 범위가 무엇인지 결정해야 한다. 만일 지역 교회가 무한히 아름답고 영광스러운 하나님과의 깊은 교제를 깊은 제자훈련의 중심에 두려면 제자들에게 어떤 도구가 필요할까?

우리의 범위는 우리가 생각하는 제자훈련의 핵심을 나타낸다. 성도들이 배우고 성장하는 데 절대적으로 필요한 것은 무엇인가? 모든 제자가 지녀야 하는 핵심 요소는 무엇인가? 신자들이 그리스도의 온전한 제자로 살아가려면 무엇을 공부하고 배워야 할까? 가장 중요한 것은, 교회가 어떻게 이 일을 위해 그들과 함께하며 그들을 준비시키고 훈련할 수 있느냐이다. 나는 모든 교회가 이 질문에 똑같이 대답할 필요는 없다고 본다. 하지만 교회들 사이에 많은 공통점이 있을 것이다.

일단 범위를 결정했으면, 다른 것들을 모두 잘라내기 시작하라. 그것들에 에너지를 더 소비할 필요가 없다. 물론 천천히 그리고 조심스럽게 하라. 하지만 어떤 수업이나 모임이 멋지기는 하지만 필요한 것이 아니라고 결정되면, 그 수업과 모임을 없앨 때가 된 것이다. 적어도 제자들이 필수적으로 갖춰야 할 핵심 요소를 훈련하는 제자훈련 환경이 구축될 때까지만이라도 중단하라. 즉, 범위는 의사결정 장치다. 어떤 분야가 제자훈련의 범위와 핵심 요소에 속한다고 결정했는가? 그렇다면, 거기에 힘을 더하라. 그렇지 않다면 그것을 멈추라. 범위는 프랑켄슈타인 사역 철학을 피하는 해결책이다.

당신은 범위를 어떻게 결정하는가? 우리는 교회의 제자들이 반드시 갖추어야 할 덕목이나 특성, 또는 학습 결과가 무엇인지 생각해 보아야 한다. 교회가 훈련을 제공하지 않는 분야에서 제자들이 성장하거나 능숙해지기를 기대할 수 없다. 다시 말해, 사람들을 발전시키기 원하는 제자훈련 분야에서 그들을 구체적으로 훈련시키라. 우리는 사람들이 우리가 가르치지 않는 것을 배우기를 기대할 수 없다.

모든 제자들이 가장 숙련되어야 할 핵심 요소를 생각할 때, 우리가 고려할 세 가지 영역이 있다. 제자훈련에 대한 포괄적인 그림을 제시하는 세 가지 주제는 곧 성경, 교리, 영적 습관이다. 건강한 제자는 뚜렷한 기독교 교리에 기초한 하나님의 말씀에 대한 이해와 영적 훈련을 실천하는 데서 성장한다. 모든 제자에게 필요한 것은 무엇인가? 그들에게는 성경과 교리와 영적 습관이 필요하다.

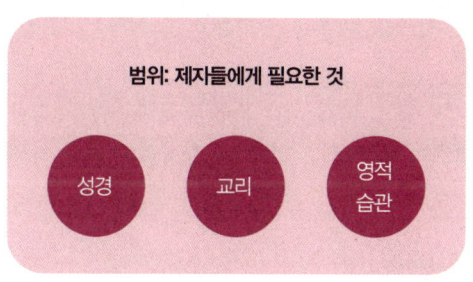

성경은 그리스도인의 삶의 중심에 있어야 한다. 성경은 그리스도인들을 그리스도의 건강한 제자로 성장시키는 데 충분하며 오류가 없는 권위 있는 하나님의 말씀이다. 성경은 하나님이 우리에게 자신을 계시하고 자신을 주시는 정해진 방편이다.

기독교의 기본 교리 또한 기독교 생활에 없어서는 안 된다. 핵심 교리는 하나님이 누구신지, 우리가 누구인지, 세상이 무엇인지, 그리고 어떻게 우리가 하나님의 사명에 충실히 참여할 수 있는지 알도록 도와준다.

영적 습관은 제자들이 머리뿐만 아니라 마음과 몸을 그리스도의 제자로 훈련하는 데 도움을 준다. 제자훈련은 단지 우리의 머리만이 아니라 우리의 마음과 삶 전체로 하나님을 더욱 사랑하도록 돕는 것이다. 영적 습관은 우리가 온전한 사람이 되도록 도와준다.

포괄적인 하나의 범위를 나타내는 이 세 가지 범주는, 지역 교회가 제자훈련을 계획하며 각 범주에 맞는 교육 주제들을 제시하게 하고 또한 범위 밖에 있는 것에 대해서도 명확한 결정을 내릴 수 있게 한다. 이 세 가지 주제로 사역의 범주를 고민한다면 전부는 아니더라도 많은 훈련들이 각 주제에 맞게 들어갈 수 있다.

먼저, 성경의 범주 아래서 다음과 같은 훈련들을 제공할 수 있다.

- 성경을 읽는 방법
- 성경 이야기 수업
- 성경의 특정한 책에 대한 연구
- 구약 및 신약성경 개요

기본 교리의 범주 아래서는 다음을 제공할 수 있다.

- 교회의 교리적 진술
- 사도신경과 같은 역사적인 신조 또는 고백
- 조직신학 수업

영적 습관의 범주 아래에서는 다음과 같은 훈련을 할 수 있다.

- 성수 주일
- 전도
- 기도
- 건강한 감정
- 직업과 부르심

우리는 범위와 관련해 유연한 결정을 내릴 필요가 있지만, 명확성의 부족과 유연성을 혼동해서는 안 된다. 우리는 교인들이 제자훈련을 통해 어떤 구체적인 역량을 갖추기 원하는지 분명히 해야 한다. 결정을 내렸다면, 다음과 같은 질문에 대답할 수 있다. 우리는 재정에 관한 수업을 제공해야 하는가? 우리는 로마서에 대한 소그룹 커리큘럼을 제공해야 하는가? 우리는 미혼남녀, 신혼부부 또는 부모들에게 그들에게 맞는 수업을 제공해야 하는가? 범위라는 렌즈를 통해 제자훈련과 관련된 모든 사역의 결정을 내리게 된다.

따라서 범위의 목표는 이 세 가지 영역에서 사람들이 성장하도록 돕는 것이다. 우리의 사역 철학 전체는 이 세 가지 분야를 통해 사람들이 그리스도와 복음에 대해 더 큰 애정을 갖도록 돕는 사역 환경을 개발함으로써 진행되어야 한다. 다시 말해서, 일단 범위를 정하고 나면 (아마도 우리는 이 과정에서 이 목록에 더하거나 삭제하는 일을 할 것이다) 그 범위는 우리의 사역을 위한 의사결정 장치가 된다. 우리는 그 훈련을 제공할 것인가? 이 결정은 그 훈련이 우리의 제자훈련 범위에 들어맞는가에 따라 달라질 것이다. 우리는 소그룹을 어떻게 구성할 것인가? 그것은 성경과 기독교 교리와 기본적인 영적 훈련에서 사람들을 성장하도록 돕는가? 제자훈련의 핵심 분야가 무엇인지 알았다면, 하나님의 백성이 그 핵심 분야에서 성장하도록 돕는 데 모든 노력을 기울이라.

성경

나는 여기에서 성경이 제자훈련의 훌륭하고 총체적인 범위라고 주장하려 한다. 왜 성경이 제자훈련의 범위에 포함되어야 하는가? 성경은 그리스도인의 삶의 중심에 있다. 그리스도의 말씀을 배우지 않고 주님을 따르는 사람이 되기란 불가능하다. 성경은 하나님의 영감이 담긴 권위 있고, 무오하고, 충분한 말씀이다. 바울은 디모데에게 서신을 쓰면서 그리스도인의 삶에 있어 성경이 얼마나 중요한지 강조한다. "모든 성경은 하나님의 감동으로 된 것으로 교훈과 책망과 바르게 함과 의로 교육하기에 유익하니 이는 하나님의 사람으로 온전하게 하며 모든 선한 일을 행할 능력을 갖추게 하려 함이라"(딤후 3:16-17).

성경이 하나님의 감동으로 된 것이라는 말씀은 성장하는 온전한 제자들에게 성경을 대신할 만한 것이 없다는 의미다. 성경은 하나님께서 자신을 알리신 곳이며, 지속적으로 자신을 알리시는 곳이다. 깊은 전인적인 제자훈련은 성경에서 탄생하고 유지되며 보존된다. 헤르만 바빙크는 다음과 같이 제자도에 있어 성경의 중심적 위치를 강조한다.

성경에서 하나님은 날마다 그분의 백성에게 오시는데, 멀리서 오시는 것이 아니라 가까이서 오신다. 하나님은 성경 안에서 날마다 자신을 드러내시며 신자들에게 그분의 충분한 진리와 은혜를 부으신다. 하나님은 성경을 통해 자비와 신실함의 기적을 행하신다. 성경은 하늘과 땅, 그리스도와 그분의 교회, 하나님과 그분의 자녀들 사이의 연합을 지속시켜준다. 성경은 우리를 과거에 묶는 것이 아니라 하늘에 계신 살아계신 주님과 연합시킨다. 성경은 하나님의 살아있는 음성이다.[1]

하나님과의 깊은 교제와 교통 속에서 성장하기를 원하는 교회의 첫 번째 행동은 하나님이 성경을 통해 하시는 말씀을 듣는 것이다.

우리는 이미 제자훈련에 대한 가장 큰 도전 중 하나가 현대 교회에 만연한 성경적 문맹이라는 것을 보았다. 그리스도의 말씀을 배우는 학생

---

[1] Herman Bavinck, *Prolegomena*, John Bolt 편집, John Vriend 영역, vol. 1, *Reformed Dogmatics* (Grand Rapids: Baker Academic, 2003), 385; 헤르만 바빙크, 『개혁파 교의학(단권 축약본)』, 김찬영, 장호준 역, 새물결플러스.

이 되지 않고서 주님을 따르는 제자로 성장하기란 도저히 불가능하다. 하지만 우리는 '말씀'을 잘 배운 학생이 매우 적다는 것을 안다. 말씀에 대한 깊은 묵상이 부족하기에 깊은 제자들 또한 부족하다. 성경에 대한 무지는 제자 양육에 치명적이다.

우리가 성경을 깊이 묵상하는 목표는 다만 성경적 지식을 얻기 위해서가 아니라 참여하기 위해서다. 하나님의 말씀을 아는 것은 하나님의 이야기에 참여하는 것을 의미한다. 다시 말해, 우리는 성경 퀴즈를 더 잘 맞히는 사람들에게만 관심을 가져서는 안 된다. 우리는 하나님의 이야기에 참여하는 능력에 관심을 가져야 한다. 이 말은 단지 그 이야기를 사람들에게 전달하라는 뜻이 아니다. 나는 사람들을 그 이야기 속으로 끌어들이고 싶다. 깊은 제자훈련은 단순히 정보를 알려주는 것이 아니라 변화시키는 지식을 함께 추구하는 것이다. 성경에서 하나님은 우리를 불러 자신과 더 깊은 교제를 갖게 하시며 그분의 사명에 더 많이 참여하도록 초대하신다.

그러나 많은 연구에 따르면, 교회는 오늘날 과거 어느 때보다도 성경에 친숙하지 않으며, 심지어는 성경에 접근하는 일도 더 드물다. 우리는 많은 성경적 자원들을 가지고 있지만 성경적 지식에 있어서는 기근 상태에 있다. 우리는 자신이 알지 못하는 이야기에 참여할 수 없다. 교인들이 창세기부터 요한계시록에 이르기까지 성성에 담긴 이야기를 알지 못한다면, 어떻게 그런 무지한 상태로 그 이야기에 참여하기를 바랄 수 있겠는가?

야고보는 성경 이야기를 알고 참여하는 것이 무엇을 의미하는지 보여준다. 그는 이렇게 말한다. "그러므로 모든 더러운 것과 넘치는 악을 내버리고 너희 영혼을 능히 구원할 바 마음에 심어진 말씀을 온유함으로 받으라 너희는 말씀을 행하는 자가 되고 듣기만 하여 자신을 속이는 자가 되지 말라 누구든지 말씀을 듣고 행하지 아니하면 그는 거울로 자기의 생긴 얼굴을 보는 사람과 같아서 제 자신을 보고 가서 그 모습이 어떠했는지를 곧 잊어버리거니와"(약 1:21-24). 분명히 우리는 하나님의 말씀을 듣고 행하는 자들이 되어야 한다. 하지만 우리가 듣지 않는다면 행하는 자가 되기를 기대할 수 없다.

주님의 말씀 안에서 하나님의 음성을 듣는 것은 삶 가운데 하나님의 말씀을 행하기 전에 반드시 필요하다. 우리가 성경을 이해하는 목표는 하나님의 사명에 충실하게 참여해 하나님의 말씀을 듣고 행하는 사람이 되기 위해서다. 그러나 교회는 성경적 문맹의 위기 가운데 있음에도 불구하고 먼저 듣는 사람이 되기보다 행하는 사람이 되려는 위험을 무릅쓴다. 우리는 하나님의 사명이 무엇인지 모르는 사람들을 하나님의 사명에 참여하도록 파송한다. 그러면 그들은 자신의 사명을 만들어내는 무서운 위험에 빠지게 된다. 성경을 이해하도록 사람들을 훈련한다면 그들은 하나님의 사명에 성경적으로 참여하게 될 것이다.

이 책을 읽는 거의 모든 사람이 지금까지 내가 말한 것에 거의 다 동의할 것이다. 우리는 성경적 문맹이란 위기에 직면해 있다. 확인해 보라. 우리는 성경에 대한 지식을 키워야 한다. 단지 성경을 더 잘 알기 위해서가 아니라 성경에 참여하기 위해서다. 분명히 하자. 하나님이 교회 안에서 제자를 만들라고 우리를 부르셨다는 것은 우리가 하는 일의 중심에 성경이 있어야 한다는 뜻이다. 여기에 대부분 동의할 것이다. 우리는 성경이 하나님의 말씀이라는 것에 동의한다.

우리가 이 모든 것에 동의한다면, 핵심은 무엇인가? 내가 말하려는 것은 성경의 절대 권위에 동의하는 것만으로는 충분하지 않으며, 우리가 사역하는 방식과 우리가 양육하는 제자들에게 성경이 영향을 미치도록 해야 한다는 것이다.

모두가 성경의 권위에 동의하는데, 어떻게 그렇게 많은 교회가 성경적으로 문맹인가? 우리 대부분은 성경의 권위를 교리적으로는 고백하지만 그 고백을 우리 사역에 적용하지는 않는다. 우리는 성경이 제자훈련 프로그램의 중심에 있다고 생각할지 모르지만 그렇지 않을 수도 있다. 우리가 사역에서 성경의 권위를 실천으로 나타내지 않는다면 교회 홈페이지에 성경의 권위에 관한 진술문을 얼마나 진지하게 올렸든 아무 소용이 없다. 성경은 제자훈련의 부속물이 아니라 필수품이다. 성경은 그리스도인의 삶의 커리큘럼이다. 오직 성경만이 온전한 그리스도인을 만들 수 있다.

교인들이 성경에 나오는 이야기 중 일부가 아니라 성경 이야기를 알게 된다면 어떻게 달라질까? 우리의 사역 철학이 그들이 그 이야기에 참여하도록 도울 뿐 아니라, 다른 사람들을 그 이야기에 초대하는 법까지 배우도록 돕는다면 어떻게 될까? 케빈 밴후저(Kevin Vanhoozer)는 "제자들은 성경 이야기로 살아가는 법을 배워야 한다"고 주장한다.[2] 교회가 사람들로 성경의 참된 이야기를 알게 하고 그 이야기에 참여하도록 돕지 않는다면, 그들의 생각과 마음과 계획은 다른 거짓 이야기들에 사로잡힐 것이다. 깊은 제자훈련을 위해 성경에서 하나님을 만나는 것보다 더 위대한 도구는 없다. 하나님은 말씀을 통해 역사하신다. 성경은 영적인 엘리트들을 위한 것이 아니라 모든 제자를 위한 것이다. 우리가 교회의 제자훈련 범위를 생각할 때는 성경이 그 중심에 있어야 한다. 성경이 없이 깊은 제자훈련은 불가능하다.

교리 (신앙의 내용)

온전한 제자들을 위한 두 번째 핵심 요소는 기독교 교리에 대한 이해와 적용에 있어서 성장하는 것이다. 교리는 모든 사람을 위한 것이다. 기독교의 기본 교리는 교회가 제자들에게 줄 수 있는 가장 실천적인 것이다. 흔히 신학은 제자훈련을 가로막는 장애물로 여겨지지만, 실제로는 그리스도인의 삶의 토대다. '신학'(theology)이라는 용어는 두 개의 헬라어 단어에서 유래한다. 신을 의미하는 '테오스'(theos)와 말씀을 의미하는 '로고스'(logos)다. 신학은 기본적으로 "하나님에 관한 말씀, 또는 하나님 자신에 대한 하나님의 말씀"으로 번역된다. 하나님에 관한 말씀보다

---

[2] Kevin J. Vanhoozer, *Hearers and Doers: A Pastor's Guide to Making Disciples through Scripture and Doctrine* (Bellingham, WA: Lexham Press, 2019), 112; 케빈 밴후저, 『들음과 행함』, 박세혁 역, 복있는사람.

더 실용적인 것이 어디 있는가? 하나님이 자신에 대해 하신 말씀을 종합하고 이해하는 것보다 더 중요하고 실천적인 것이 어디 있는가? 나는 없다고 생각한다. 교리와 제자훈련은 함께한다.

많은 교회에서 신학은 멀리 있는 것이고 비실용적이며 중요하지 않다고 알려져 있다. 나는 심지어 일부 목회자들과 교회들이 교리가 참된 제자훈련의 길을 방해한다고 말하는 것을 들었다. 많은 사람이 교리가 치유가 아닌 분열을 조장하고 바른 안내가 아닌 혼란을 초래하는 것을 보았다. 사실, 나도 그런 현상을 보았다. 하지만 그것은 교리의 잘못이 아니다. 교리를 오용하는 사람들의 잘못이다.

제자훈련에서 신학이 중요하지 않을 때 사람들은 교리 없는 제자훈련을 받게 되는 것이 아니다. 우리가 제자들에게 그리스도인으로서 무엇을 믿어야 하는지 가르치지 않는다면, 그들은 다른 세상적 교리를 취할 것이다. 모든 사람이 신학자인 이유는 모든 사람이 하나님에 대해 말하기 때문이다. 즉, 모든 사람이 신학교에 간 것과 다름없다. 유일한 문제는 우리가 그 사실을 모르는 것이다. 교회는 교리 교육과 관련해 이런 질문을 할 수 있다. '우리는 성경적으로 생각하고 믿는 사람들을 양성하고 있는가? 아니면 성경적 교리가 없는 불신자들처럼 생각하고 믿도록 그들을 내버려둘 것인가?' 기독교의 기본 교리는 전인적인 깊은 제자훈련에 필수적이며, 온전한 제자들은 자신이 신학자임을 안다.

언제부터 교리 교육이 안 좋은 것으로 여겨졌을까? 사실 사람의 생각은 거의 모든 것에 영향을 받는다. 노래, 학교, 책, 영화, 뉴스, 소셜

미디어 등 문자 그대로 이런 모든 것이 우리에게 사상적 영향을 끼치고 있다. 신자들마저 무언가를 향해 믿음을 갖도록 빚어지며 영향을 받는다. 지역 교회는 그리스도인들이 그리스도의 제자들처럼 믿음을 갖도록 훈련받는 곳이어야 한다.

조종사가 비행기를 조종할 때 가장 먼저 배우는 것 중 하나는 수평선을 주시하는 것이다. 그들은 수평선에 눈을 맞추도록 훈련을 받는다. 그렇지 않으면 비행기가 위험할 정도로 땅에 가깝게 떨어지거나, 하늘로 너무 빨리 올라가거나, 오른쪽이나 왼쪽으로 기울어진다. 수평선에서 눈을 떼지 않는 것은 비행기를 조종하는 조종사의 기본 본능이다.

하지만 조종사가 수평선을 볼 수 없게 되면 어떨까? 구름, 비, 눈보라, 어둠 등이 조종사의 시력을 제한하면 어떨까? 대부분의 조종사는 본능적으로 그들의 직관과 공간적 방향감각을 신뢰하고 싶을 것이다. 다시 말해, 눈으로 수평선을 볼 수 없을 때는 감각으로 항로를 알고 싶어 한다. 하지만 모든 조종사는 이런 순간에 공간적 방향감각을 잃기 때문에 그들의 직관을 믿지 말라고 배운다.

공간적 방향감각 상실은 우리의 몸(이 경우는 비행기)이 공간의 어디에 있는지를 알 수 없는 현상이다. 어떤 의미에서 우리의 본능과 감정은 우리에게 거짓말을 한다. 공간적 방향감각 상실 상태에서 우리는 방향을 안다고 착각하겠지만, 사실 우리의 몸이 공간 어디에 있는지를 알 수 없다. 위쪽을 향해 서 있다고 느낄지 모르지만, 실제로는 거꾸로 있다. 조종사는 지평선이 보이지 않을 때 그들의 눈을 계기판에 고정하는 훈련을 받는다. 특히 비행기가 곤두박질치거나 상승하는 것같이 느껴질 때도 그래야 한다. 그들은 계기판을 신뢰함으로써, 비행기와 승객들에게 해를 끼치지 않고 비행기의 항로를 유지할 수 있다.

계기판을 신뢰하는 것이 얼마나 직관에 어긋나는지 생각해 보라. 무언가가 잘못되었고 방향도 틀리다고 느끼며 위험을 느낄 때 계기판을 신뢰한다는 것은 어마어마한 믿음이 필요하다. 그러나 그들이 계기판을 신뢰하고 시야가 회복되면, 그들은 올바른 방향으로 똑바로 날아가고 있음을 확인할 수 있다.

교리는 그리스도인의 계기판이다. 교리는 방향을 잃은 세상에서 제자들을 인도한다. 교회가 제자들에게 신학을 주지 못할 때, 우리는 그들을 어두운 세상 가운데서 그들의 직관을 믿도록 내팽개치는 것과 같다. 그들이 옳다고 느끼는 것을 따라가라고 말하는 것과 같다. 그래서 많은 사람이 추락한다. 잘못된 믿음은 잘못된 삶으로 인도한다.

2018년 라이프웨이 리서치(Lifeway Research)와 리고니어 미니스트리즈(Ligonier Ministries)는 "신학의 상태"에 대한 연구 프로젝트를 발표했다.[3] 이 연구는 지역 교회들이 신학에 대한 오늘날 교회의 관심도를 이해하도록 도움을 주려는 것이었는데, 결과는 끔찍했다.

교회는 하나님이 누구신지, 하나님의 형상을 지녔다는 것이 무슨 뜻인지, 그리스도께서 누구신지, 죄가 무엇인지, 구원이 무엇인지 등에

---

[3] "The State of Theology," The State of Theology, 2020년 4월 7일에 접속함. https://thestateoftheology.com.

대해 헷갈리고 있었다. 예를 들어, 우리는 복음주의자들이 그리스도께서 누구신지 크게 헷갈려 하는 것을 알 수 있었다. 아리우스주의로 알려진 4세기 이단의 주장, "예수는 하나님이 최초에 지으신 가장 위대한 존재다"라는 말에 동의하는지 물었을 때 복음주의자의 78퍼센트가 그렇다고 답했다. 또한 그리스도의 배타성에 대해서도 크게 헷갈렸는데 "하나님은 기독교, 유대교, 이슬람교를 포함한 모든 종교의 예배를 받으신다"라는 말에 복음주의자의 51퍼센트가 동의했다. 마지막 예로 펠라기우스주의로 알려진 이단의 주장, "모든 사람이 죄를 짓기는 하지만 대부분의 사람은 본성적으로 선하다"라는 말에는 복음주의자의 52퍼센트가 동의했다.

이런 결과는 경종을 울린다. 복음주의자들이 설문조사에서 틀린 답변을 했기 때문만이 아니라, 우리의 교회들이 이런 종류의 제자들을 만들고 있기 때문이다.

우리는 목사와 지도자로서 이와 같은 연구 결과를 대할 때 우리 교회는 이와 무관하고 다른 교회들이 그렇다고 생각하기 쉽다. 아마도 우리 교회는 조금 더 잘해야겠지만 다른 교회들보다는 잘하고 있다고 생각하고는 한다. 그러나 이는 잘못된 직감이다. 우리는 이와 같은 연구 결과를 거울로 삼고, 우리가 교리 없는 제자들을 만드는 것은 실제로는 교리상으로 혼돈에 빠진 제자들을 만드는 것임을 알아야 한다. 모든 제자는 교리를 믿지만, 반드시 기독교 교리를 믿는 것은 아니다. 이 연구 결과는 저 교회들만을 반영하는 것이 아니라 우리 교회도 반영한다. 이 연구 결과는 기독교의 기본 교리가 온전한 제자훈련의 범위와 핵심 분야에 포함되어야 할 필요를 알려준다. 이제 우리는 교인들이 신뢰할 만한 기독교 교리의 계기판보다 신뢰할 수 없는 자신의 본능을 의지한다는 사실을 정확히 알고 있어야 한다.

건전한 교리가 부족한 현상이 교회에서 항상 있었던 것은 아니다. 수세기 동안 교회는 신조, 고백, 교리 문답의 인도를 받았다. 지역 교회에서 온전한 제자들을 만들기 위해 나아가야 할 길 중 하나는 교리 회복을 통한 제자훈련이다. 교리와 고백과 신학에 무관심한 제자훈련은 기독교의 제자훈련이 아니다.

교리가 왜 그렇게 중요한가? 교리가 중요한 이유는 교리는 하나님과 더 깊은 교제와 기쁨으로 들어가는 통로이기 때문이다. 하나님이 누구신지에 대한 우리의 믿음은 우리를 그분과 더 멀어지게 하는 것이 아니라 그분과 더 깊은 교통을 하도록 인도한다. 교리는 궁극적으로 사랑에 관한 것이다.

나는 아내와 이것에 대해 늘 이야기한다. 우리는 결혼한 지 12년이 되었고, 나는 그녀를 사랑한다. 이 세상 누구도 그녀만큼 내게 하나님에 대해 가르쳐준 이가 없다. 사실, 아내는 내가 처음 만난 그리스도인 중 한 명이었다. 아내에 대해 약간 말해 보겠다. 그녀는 기술 산업에 종사하고 있다. 키가 165센티미터이고 아름다운 갈색 머리카락을 가지고 있다. 나는 그녀의 예술적이고 창조적인 성향을 참 좋아한다. 나는 이 세상 누구보다 아내를 가장 사랑한다.

그런데 만일 당신이 실제로 내 아내를 본다면, 내가 그녀에 대해 묘사한 내용을 듣고 내가 아내를 얼마나 사랑하는지 의문을 품을 것이다. 내 아내는 사실 마케팅 업계에 종사하고 있다. 키가 155센티미터이고 멋진 금발 머리카락을 가지고 있다. 그녀는 예술적이지는 않지만 운동을 좋아한다. 내가 내 아내를 정확하게 묘사하지 못한 것을 보면, 당신은 '그가 정말로 그의 아내를 사랑하는가, 아니면 단지 아내를 사랑한다고 말하는 것인가'라고 의아해할 것이다. 내가 정말 아내를 잘 알고 있는지 의심할 것이다. 만약 내가 아내에 대해 빈번하게 잘못 설명하고 오해하고 잘못 말한다면, 결국 그녀에 대한 나의 사랑에 의문을 품을 것이다. 내가 심지어 아내를 알지도 못하는 것처럼 드러날 때 당신은 우리의 관계가 어떠한지 의심할 것이다. 누군가를 사랑한다는 것은 그 사람을 알고 그 사람에 대한 모든 것을 알며 그 사람이 누구인지를 기뻐하는 것이다.

교리가 없는 제자들은 하나님을 알지 못하기 때문에 하나님을 사랑할 수 없다. 모르는 신을 예배할 수 있다는 만연한 생각에 우리는 대항해야 한다. 젠 윌킨(Jen Wilkin)이 지적했듯이, "마음은 머리가 알지 못하는 것을 사랑할 수 없다."[4] 교리는 불쾌감이 아니라 기쁨으로 인도한다. 하나님에 대한 지식은 우리를 하나님에게서 멀어지게 하지 않고 그분께로 더 가까이 인도한다. 내 아내가 누구인지를 아는 것, 내가 그녀

---

4   Jen Wilkin, *Women of the Word: How to Study the Bible with Both Our Hearts and Our Minds* (Wheaton, IL: Crossway, 2014).

에 대해 가능한 한 모든 것을 아는 일은 사랑으로 이어진다. 마찬가지로 하나님이 누구신지를 아는 것, 가능한 한 그분에 관한 모든 것을 아는 일은 제자들을 더 깊은 교제와 사랑으로 인도한다.

바울은 골로새 성도들에게 이렇게 강조한다. "이로써 우리도 듣던 날부터 너희를 위하여 기도하기를 그치지 아니하고 구하노니 너희로 하여금 모든 신령한 지혜와 총명에 하나님의 뜻을 아는 것으로 채우게 하시고 주께 합당하게 행하여 범사에 기쁘시게 하고 모든 선한 일에 열매를 맺게 하시며 하나님을 아는 것에 자라게 하시고"(골 1:9-10). 바울이 생각하는 온전한 제자는 하나님에 대한 지식으로 점점 깊어지고 가득 찬다. 왜 그런가? 그렇게 될 때, 그리고 오직 그렇게 되어야만 하나님께 합당하고 즐거운 태도로 행할 수 있기 때문이다. 하나님을 아는 지식은 충실함과 풍성한 결실로 이어진다. 우리는 알지 못하는 신께 충실할 수 없으며 또한 결실도 맺을 수 없다.

야로슬라프 펠리칸(Jeroslav Pelikan)은 교리를 "교회가 기도하고, 고통받고, 섬기고, 순종하고, 경축하고, 하나님 나라의 도래를 기다리면서 믿고, 가르치고, 고백하는 것"이라고 정의한다.[5] 다시 말해, 기독교의 기본 교리는 교회가 하나님 나라의 도래를 기다리면서 때마다 온전한 제자훈련을 하도록 인도한다. 교리는 우리가 세상을 해석하기 위해 착용하는 안경이다. 케빈 밴후저는 말한다. "그리스도인들은 구속의 드라마

---

5 Jaroslav Pelikan, *Development of Christian Doctrine: Some Historical Prolegomena* (New Haven, CT: Yale University Press, 1969), 118.

에 더 깊이, 열정적으로, 그리고 진실하게 참여하기 위해 교리를 배운다."[6] 이것이 사실이라면, 깊은 제자훈련은 교리에 의존하며, 깊은 제자들을 만들고 싶은 교회는 교회를 충실한 신앙으로 인도해야 한다.

많은 교회의 제자훈련이 교리의 역할에서 멀어진 한 가지 이유는 잘못된 교리를 강조하는 추세 때문이었다. 모든 교리가 동동하게 중요한 것은 아니다. 핵심 교리가 있고 부수적인 교리가 있다. 우리가 꼭 붙들어야 하는 교리와 열린 마음으로 붙들어야 하는 교리가 있다. 때때로 교회는 꼭 붙들어야 하는 핵심 교리보다는 열린 마음으로 붙들어야 하는 부수적인 교리로 세상에 알려진다. 유아세례 허용 및 불허, 은사 중지론 및 지속론, 상호보완주의 및 평등주의와 같은 부수적인 교리가 그렇다. 역사적으로 말하면, 이런 구별은 의미가 있다. 명백한 기독교적 문화와 풍토 속에서는 교회가 다른 교회들과 자신을 구별한다. 즉, 침례교인은 장로교인과 구별하고, 장로교인은 성공회교인과 구별하며, 성공회교인은 자유교회 복음주의자와 구별한다. 그러나 신속히 증가하는 세속적인 풍조 속에서는 그리스도인들이 서로를 구별하는 것에 집중하기보다 우리를 세상으로부터 구별하는 것에 더 집중해야 한다. 그리스도인을 세상과 구별시키는 핵심 관건들은 삼위일체론, 창조론, 섭리, 그리스도론 등이다.

---

[6] Kevin J. Vanhoozer, *The Drama of Doctrine: A Canonical Linguistic Approach to Christian Doctrine* (Louisville, KY: Westminster John Knox, 2005), 107; 케빈 밴후저, 『교리의 드라마』, 윤석인 역, 부흥과개혁사.

부수적인 교리도 중요하지만, 근본적인 주요 교리만큼 온전한 제자훈련에 중요한 것은 없다. 하지만 때때로 우리는 여전히 부수적인 교리를 더 중요하게 여긴다.

내가 섬기던 교회에서 교인 등록을 위한 자료를 점검했는데, 그 소책자에 상호보완주의에 관해서는 세 쪽이나 있는 반면, 삼위일체론에 관해서는 한 문장밖에 없는 것을 알고 충격을 받았다. 적어도 그 소책자에 따르면, 우리는 우리의 잠정적 등록 회원들이 남성과 여성에 대한 우리의 입장을 이해하는지 확인하는 데는 큰 관심이 있지만, 삼위일체를 이해하는지 확인하는 데는 관심이 거의 없었다. 따라서 우리는 상호보완주의에 대한 이해는 분명하지만 삼위일체에 대해서는 혼동하는 사람들을 교회의 등록 회원으로 받아들일 위험에 처해 있었다.

지역 교회에 교리를 재도입하게 되면 교회와 교인들은 교리를 분별할 수 있게 된다. 우리는 무엇이 가장 중요하고 왜 중요한지 알 수 있다. 예를 들어, 우리는 교리의 도움으로 상호보완적인 유니테리언 교도를 받아들이지 않을 것이다. 비록 내가 헌신적인 상호보완주의자라 할지라도, 유니테리언 상호보완주의자보다는 차라리 평등주의적 삼위일체론자와 더 친교를 맺고자 할 것이다.

교리를 지역 교회에 재도입할 때 우리는 비본질적인 교리가 아니라 본질적인 교리에서부터 시작해야 한다. 깊은 제자들은 삼위일체 하나님을 묵상하기 원한다. 그들은 성육신의 신비를 상고하기 원하고 죽은 자의 부활에 대한 소망에 사로잡히기 원한다. 우리가 본질적인 교리들로 시작할 때, 우리는 신학의 목회적인 성격과 신학이 어떻게 그리스도인의 삶을 돕는지 보다 분명하게 알 수 있다. 우리 교회들은 삼위일체론을 모든 그리스도인의 삶의 기초로 보기 시작할 것이다. 아마도 그들은 그리스도와의 연합이 우리에게 도움을 주는 가장 목회적인 교리라는 것을 알게 될 것이다. 그들은 불안함을 느끼는 사람들에게 속죄 교리가 어떻게 확신을 제시하는지 보게 될 것이다. 이처럼 교리는 대단히 목회적이다.

교리가 지닌 목회적인 성격의 예를 들어보겠다. 몇 년 동안 내가 이끄는 수업 중 하나에 한 부부가 참여했다. 그들은 수년간 성경공부에 참여해 왔으며 결국 1년 과정 제자훈련 프로그램에 참여했다. 우리는 커리큘럼을 따라 진도를 나가다가 한 주 동안 창조와 섭리를 다루게 되었다. 하나님은 모든 것을 창조하고 다스리신다. 이 교리는 솔직히 그들이 참으로 고민했던 교리였다. 선하신 하나님이 모든 것을 창조하시고, 모든 것을 다스리시고, 또한 무한한 능력을 갖고 계시는데 왜 여전히 나쁜 일들을 허용하시는가? 이것이 그들에게는 풀리지 않는 문제였다. 그 강의 직후에 그들은 그들의 가족에게 있었던 비극적인 죽음을 견뎌낼 수 있었다. 그들에게 걸림돌이 될 것으로 여겨졌던 교리가 오히려 그들에게 치유를 가져왔다. 하나님이 주권자가 아니시라면, 우리는 폭풍 속에서 그분을 신뢰할 수 없다. 그러나 그분이 주권자시라면, 하나님에 대한 교리는 어느 상황에서든 영혼을 위한 확실하고 든든한 닻이 된다.

교리는 그들과 하나님과의 교제를 방해하지 않았다. 교리는 그들을 하나님과의 더 깊은 교제로 이끌었다. 교리는 그들의 삶 전체가 거친 풍랑을 겪고 있을 때 그들이 믿고 따를 수 있는 믿을 만한 계기판이었다. 나는 참가자들이 사랑하는 사람이나 자기 자신의 죽음을 직면했을 때 하나님의 주권에서 위로를 얻는 것을 보았다. 또 어떤 이들은 죄와 갈등하는 가운데 그리스도와 연합함으로 힘을 얻었다. 아기가 생기지 않는 어떤 부부는 전능하신 아버지 하나님께 나아가 위로를 얻었다. 부활에 대한 약속은 계속 항암 치료를 받는 한 여학생에게 위안을 주었다. 매주 천천히 머리카락이 빠지고 체중을 잃는 중에도 그녀가 수업을 듣는 동안 죽음이 그 쏘는 힘을 잃었고 그녀는 주와 함께 승리 가운데 부활할 미래를 더욱 확신하게 되었다.

교리는 분열시키지 않고 화합한다. 교리는 해를 끼치지 않고 치유한다. 교리는 방향을 잃은 이 세상에서 다시 우리를 바른 방향으로 인도한다.

영혼의 어두운 밤에는 더 많은 교리를 배우기 힘들 수도 있지만, 대신 이미 잘 알고 있는 교리에 기댈 수 있어야 한다. 영혼의 어두운 밤에는 하나님의 섭리에 대한 강의가 필요하지 않을지 모르지만, 우리는 이미 믿고 있는 하나님의 섭리라는 아름다운 진리와 신비에 기댈 수 있어야 한다. 교리는 우리로 창조주를 바라보게 하고 또한 그분이 세상을 지으신 목적을 향하게 함으로써 고난을 견디게 한다. 교인들과 교회에 어두움이 찾아올 때 그들은 무언가에 기대게 될 것이다. 그들은 하나님이 누구시며 그리스도 안에서 그분이 행하신 일에 대한 영광스러운 진리에 기대든지 혹은 다른 것에 기댈 것이다. 그들은 무언가를 믿을 것이기에 교회는 그들이 믿고 의지할 교리를 알려주어야 한다.

불안정하고 망가진 세상에서 기독교 교리는 제자훈련을 위한 안정된 도구다. 내 친구이자 동료인 카일 월리(Kyle Worley)가 말했듯이, "우리는 어둠 속에서 교리를 속삭일 수 있도록 빛 가운데 있을 때 교리를 외쳐야 한다." 우리 교인들에게 기본적인 기독교 교리를 가르치지 않는 것은 부패한 이 세상을 항해하는 그들에게 가장 필요한 것을 주지 않는 것과 같다.

영적 습관

우리는 우리가 행하는 일에 의해 빚어진다. 우리가 계발하는 습관은 우리의 성품을 빚는다. 그러므로 온전한 제자훈련을 위한 세 번째 핵심 요소는 교회가 교인들로 그리스도인의 습관을 실천하게 함으로써 하나님과 더 깊은 교제에 들어가도록 돕는 것이다. 우리는 지적으로 교리를 알아야 할 뿐 아니라, 하나님의 인도하심 가운데 살도록 돕는 리듬과 습관을 배워야 한다.

대부분의 제자훈련 계획에서 그리스도인의 습관을 만드는 과정이 위태로울 정도로 결여되어 있다. 그러나 습관 없는 사람은 없다. 우리는 모두 어떤 식으로든 습관을 가진다. 제자훈련 대다수가 '지식'이 우리를 빚는 방식에는 초점을 맞추면서 '행함'이 우리를 빚는 방식은 무시하는 경향이 있는데, 저스틴 얼리(Justin Earley)가 지적했듯이, "우리는 특정한 습관들을 따라 살고 있으며, 그 습관들이 우리 삶을 빚는다."[7]

우리는 우리가 하는 일에 의해 빚어진다. 그러므로 성장하는 제자들의 핵심 요소 중 하나는 그리스도인의 습관을 실천하는 법을 배우는 것이다. 우리의 성품은 우리가 예배하는 대상을 닮고 우리가 행하는 것에 의해 빚어진다.[8] 교회는 제자들의 삶에 습관이 얼마나 중요한지 묘사해왔고 복음에서 벗어난 습관이 우리를 어떻게 기형으로 만드는지 설명해왔다. 제임스 스미스(James K. A. Smith)는 이렇게 말한다. "우리가 종종 몰두하는 종교 예식들과 우리의 마음을 사로잡는 세속적인 문화적 관습들로부터 우리를 끄집어내는 데는 기독교 예배가 필수적이다."[9] 세상의 흐름과 습관이 우리의 교인들에게 영향을 미칠지라도 온전한 제자를 만드는 데 초점을 둔 교회는 세상의 영향에 대항하는 리듬과 습관을 하나님의 백성에게 공급할 수 있다.

지식을 형성하는 데만 집중하는 교회는 온전한 제자들을 양육하는 데 성공하지 못할 것이다. 교회에서의 제자훈련의 역설은 우리가 습관의 힘을 너무 과소평가함으로써 실제로는 우리가 의도하지 않은 습관

---

[7] Justin Whitmel Earley, *The Common Rule: Habits of Purpose for an Age of Distraction* (Downers Grove, IL: IVP Books, 2019), 7; 저스틴 휘트먼 얼리, 『크리스천 일상 정리법』, 우성훈 역, 생명의말씀사.

[8] G. K. Beale, *We Become What We Worship: A Biblical Theology of Idolatry* (Downers Grove, IL: Nottingham, England: IVP Academic, 2008); 그레고리 K. 비일, 『예배자인가, 우상숭배자인가』, 김재영, 성기문 역, 새물결플러스.

[9] James K. A. Smith, *You Are What You Love: The Spiritual Power of Habit* (Grand Rapids, MI: Brazos Press, 2016), 25; 제임스 K. A. 스미스, 『습관이 영성이다』, 박세혁 역, 비아토르.

에 우리의 생각보다 더 깊은 영향을 받고 있다는 사실이다. 온전한 제자훈련을 위한 성경적인 비전은 그 사람의 일부만이 아니라 전인을 위한 것이다(신 6:4-5; 눅 10:27). 교회는 제자들을 불러 전인적으로 하나님을 사랑할 뿐 아니라, 하나님이 우리의 전인을 사랑하신다는 사실을 상기시켜야 한다. 이는 우리 삶의 어떤 부분도 하나님의 사랑에서 벗어나서는 안 된다는 것을 의미한다. 하나님은 우리의 전부를 원하신다.

그렇다면 교회는 제자들이 그들의 생각과 마음을, 마음과 영혼을, 그리고 영혼과 힘을 모으도록 부르심을 받은 곳이 된다. 깊은 제자훈련은 전인을 의식한다.

영적 성장을 위한 습관을 제자훈련에 통합하는 데 두 가지 방법이 있다. 하나는 교회 공동체가 함께 실천하는 영적 습관이고 다른 하나는 개인이 실천하는 영적 습관이다.

교회 공동체의 습관은 교회 전체가 갖게 되는 습관과 리듬이다. 몸이 하는 일은 각 지체를 변화시킨다. 교회가 함께 참여하는 가장 확실한 습관은 매주 있는 모임이다. 건강한 교회의 가장 본질적인 특징은 매주 꾸준히 모임을 갖는 것이다. 지역 교회는 예배를 통해 각 사람을 전인적으로 변화시킬 수 있다. 물론 당신은 매주 모임을 통해 교인들을 만날 것이다. 그런데 분명한 의도를 가지고 모임을 갖는가? 당신이 섬기는 방식이 교인들을 어떻게 변화시키는지 깊게 생각해 보았는가? 매주 모임은 단지 교인들의 생각만 변화시키는 것이 아니라 전인을 변화시킨다. 그러므로 매주 모임에 대한 분명한 목표와 계획을 가져야 한다.

매주 모임에서 우리는 교인들로 한 분 하나님을 경배하도록 하는 기회를 얻는다. 예배는 지난 한 주 동안 우리를 유혹한 모든 우상이 정말로 하나님이 아니었다는 사실을 상기시켜준다. 우리가 예배할 대상은 오직 참 하나님이시다. 교회는 함께 죄를 고백할 수 있고 부패한 세상에 대해 함께 애통해할 수 있다. 선포된 말씀을 통해서 교인들은 문자 그대로 '말씀' 아래 앉아 복음의 좋은 소식을 붙든다. 한 몸의 지체로서 세례 의식과 성만찬에 정기적으로 참여하는 것과 정기적인 헌금을 드리는 것이 얼마나 중요한지는 아무리 강조해도 지나치지 않다. 주님의 몸 된 교회는 이러한 교회 공동체적 습관을 통해 전인적으로 전체 이야기 안에서 살도록 초청을 받는다.

지역 교회는 하나님의 백성 전체를 공동체적 습관으로 인도할 뿐 아니라 각 개인이 경건한 습관을 갖도록 인도해야 한다. 각 사람이 갖게 되는 습관은 그들이 속한 제자훈련에 달려 있다. 여기서 중요한 점은 단순히 사상을 가르치는 것이 아니라 그 사상이 그들의 습관으로 이어지게 하는 것이다. 교인들은 그들이 배우는 것을 행동으로 나타낼 수 있는 훈련 환경이 필요하다.

예를 들어, 빌리지 교회의 훈련 프로그램이 하나님의 섭리에 관한 교리를 배울 때, 참가자들은 단지 섭리에 관해 읽거나 강의를 듣기만 하는 것이 아니다. 그들은 주일 성수를 해야 하는 과제를 받는다. 그들은 일상의 삶에서 벗어나 하나님의 주권을 인정하고 실천해야 한다. 하나님의 주권에 대한 책을 읽는 것만으로는 충분하지 않다. 우리는 습관을 통해 하나님의 주권을 실천하는 법을 배워야 한다. 우리는 참가자들이 하나님의 주권을 실천하면서 주님과 함께 네 시간을 보내도록 권면한다. 교리는 훈련으로 이어져야 한다.

이것이 통합 작업이다. 통합적인 제자는 생각만이 아니라 그의 전인으로 하나님을 사랑한다. 우리가 성경 이야기의 일부 또는 기독교 신앙의 일부를 가르칠 때마다, 그 내용은 영적 습관으로 통합되어 전인적인 제자훈련이 되어야 한다. 성경 이야기는 교리를 형성하고 교리는 우리의 영적 습관을 형성한다. 습관 형성으로 이어지지 않는 교리적 가르침은 영지주의로 흐르는 경향이 있다. 교리적 가르침이 없는 습관 형성은 공허한 의식주의로 흐르는 경향이 있다. 가르침과 습관 형성이 함께 해야 사람이 변한다. 즉, 그 둘은 통합되어야 한다. 온전한 제자들은 이 세상에 대한 참된 이야기인 성경과 참된 교리와 영적 습관을 통합한다. 여기서 영적 습관은 전인적인 제자를 빚어내는 역할을 한다.

또 다른 예로 우리는 지혜 문학과 시편을 다룰 때 참가자들이 자신만의 시편과 기도를 하나님께 쓰게 하며 영적 습관을 기르도록 한다. 우리는 그들이 몇 주 동안 글을 쓰고, 지우고, 기도하고, 다시 글을 쓰도록 권한다. 이것은 대부분의 사람에게 익숙하지 않은 습관이다. 그들은 즉흥적인 기도에 익숙하지만 몇 주 동안 지속적으로 쓰는 서면 기도에는 생소함을 느낀다. 참가자들의 기도를 읽으면서 그들이 하나님께 무엇을 간구하는지를 듣는 것은 참으로 엄청난 경험이다. 이 훈련은 나를 좀 더 나은 목사로 만들었다. 우리는 그 기도들을 모아 기도책을 만들어서 그 훈련 프로그램을 수료한 모든 사람에게 나누어 주었다. 또한 그 기도 제목들을 공동체 전체로 이어지게 함으로써 각 지체가 전체 공동체를 위해 기도하도록 인도했다.

내가 추천하는 제자훈련 범위의 이 세 가지 요소는 온전한 제자들을 만드는 데 필수적이다. 이 요소들은 서로 묶여 있어서 그중 하나가 빠지면 나머지 두 요소도 서로 끊어진다. 이 요소들은 상호 정보를 제공하며 상호의존적이다.

제자들에게 필요한 것

우리는 "제자들이 원하는 것은 무엇인가?"라는 질문 대신 "제자들에게 필요한 것은 무엇인가?"라는 더 나은 질문을 던져야 한다. 성경과 교리, 그리고 영적 습관은 제자들이 지역 교회에서 하나님과 더욱 깊은 교제와 교통을 나누는 여정에 꼭 필요하다. 성경, 교리, 그리고 영적 습관은 깊은 제자훈련의 총체적인 범위의 주요 바탕이다. 이 세 가지는 멋진 제자훈련의 산물이 아니라 필수적인 제자훈련의 결실이다. 이 핵심 요소들은 지역 교회의 제자훈련이 지녀야 할 범위의 기초다. 지역 교회의 역할은 사람들이 성경의 참된 이야기에 참여하도록 초대하는 것이다. 지역 교회의 역할은 사람들에게 기본적인 기독교 신앙을 가르치는 것이다. 지역 교회의 역할은 사람들이 전인적으로 빚어지는 분명한 기독교적 습관을 갖도록 인도하는 것이다.

지역 교회는 깊은 제자훈련을 위한 일차적인 배경으로서 환경(어디서 사람들을 빚어내는가?)뿐만 아니라 범위(제자들에게 필요한 것은 무엇인가?)에 대해서도 질문하고 답해야 한다. 제자훈련의 범위에 대해 중요한 질문을 할 때, 우리는 성도들이 깊은 제자의 역량을 갖추는 것을 모든 사역의 목표로 삼아 총력을 다할 수 있다. 우리 교회의 제자들에게 필요한 것은 무엇인가?

핵심 정리

1. 가장 효과적인 교회는 각각의 사역보다 그 사역들의 통합이 더 크다는 것을 깨닫는다. 각 사역이 전체에 어떻게 기여하는지를 이해할 때, 우리는 개별적인 사역들보다 더 많은 일을 할 수 있다.

2. 우리의 범위는 우리가 제자훈련의 핵심 요소라고 여기는 것을 나타낸다. 즉, 교인들이 배우고 성장하는 데 우리가 절대적으로 필요하다고 생각하는 것을 나타낸다.

3. "제자들은 무엇을 원하는가?"라는 질문 대신에 "제자들에게 무엇이 필요한가?"라는 더 나은 질문을 하라.

토론을 위한 질문

1. 교회가 제자훈련의 범위를 정하고 그 범위 안에서 모든 것을 세우는 것이 중요하다는 데 동의하는가? 왜 동의하는가? 동의하지 않는다면 왜인가?

2. 지역 교회가 책임져야 할 제자훈련의 필수 요소가 무엇인지 토론하라. 다시 말해, 제자도에 반드시 필요한 것은 무엇인가?

3. 제자들에게 무엇이 필요한지를 묻기보다 제자들이 무엇을 원하는지를 계속 묻는다면 장기적으로 교회가 어떻게 되겠는가?

적용하기

1. 당신의 교회는 "제자들이 무엇을 원하는가?"라는 질문을 해왔는가, 아니면 "제자들에게 무엇이 필요한가?"라는 질문을 해왔는가? 만약 당신이 첫 번째 질문을 해 왔다면, 두 번째 질문으로 옮길 계획을 세우라.

2. 당신의 교회가 택할 제자훈련의 범위들을 결정하고 간결한 목록을 만들라.

3. 앞 장 끝에서 당신은 현재 교회에서 운영 중인 사역과 프로그램의 목록을 분류했다. 각 목록을 보며 다음 질문을 하라. "이것이 전체와 어떻게 들어맞는가? 이것이 앞에서 언급한 제자훈련 범위에 해당하는가?" 만약 그렇지 않다면, 어떻게 그 사역 또는 프로그램을 제거할 수 있는지 지금 생각하기 시작하고, 그것이 대체되어야 하는지, 그리고 무엇으로 대체되어야 하는지를 토론하라.

단계: 제자들을 어떻게 성장시킬 것인가?

우리가 할 수 있는 가장 중요한 일 중 하나는 교인들을 위해 기준을 높이는 것이다. 이 말은 모순처럼 들린다. 일반적으로 우리는 아직 성숙하지 못한 제자들에게는 그들이 접근할 수 있는 가장 낮은 선반에 양식을 올려놓아야 한다고 생각한다. 그러나 제자훈련에서는 그 반대가 사실이다. 제자들은 교회가 기준을 정해 주지 않으면 결코 기대에 부응하지 못할 것이다.

기준을 어떻게 올리는지, 누구를 위해 기준을 올려야 하는지, 언제 기준을 올려야 하는지 아는 것은 지역 교회에서 깊은 제자훈련을 구현하는 필수 요소다. 지역 교회의 깊은 제자훈련에 관한 세 번째 질문은 단계와 관련이 있다. 제자들은 어떻게 성장하는가? 지역 교회는 제자들의 영적 성장과 성숙을 위해 어떤 과정을 밟도록 도울 수 있는가? 우리는 지역 교회에서 제자들이 양성되는 환경을 살펴보며, 헌신적이고 능동적인 학습 환경의 중요성을 주장했다. 우리는 또한 그들에게 필요한 범위를 이야기하면서 지역 교회가 온전한 제자훈련을 하려면 중요한 결정을 내려야 한다고 격려했다. 이제 우리는 제자들을 성장시키는 단계에 대해 관심을 기울이려 한다.

일반적으로 교회는 "지역 교회에서 제자들을 어떻게 유지할 것인가?"라는 질문에 더 익숙해져 있다. 그러나 이런 질문 대신 우리는 "지역 교회가 어떻게 제자들을 성장시킬 것인가?"라는 더 나은 질문을 던져야 한다. 단계는 지역 교회 내에서 도전적인 제자훈련 환경을 점진적으로 만들어 가는 것이다. 이러한 제자훈련 환경은 참가자들이 그들의 성장을 위해 다음 단계를 밟도록 장려한다.

지역 교회에서 제자훈련 단계를 생각할 때, 우리는 제자들이 성장할 수 있도록 각 단계에 적합한 훈련을 개발하고 실행하게 된다. 단계가 중요한 이유는 지역 교회가 신자들을 하나님의 무한하고 풍성하고 깊은 바다로 인도하기 때문이다. 깊은 제자훈련의 단계는 그리스도 안에 있는 한없는 부요함을 향하도록 동기를 부여한다. 제자들이 다음 단계를 밟는 것은 한 과정을 졸업하기 위한 것이 아니라 하나님을 더 많이 누리기 위해서다.

지역 교회에서 우리는 제자들이 하나님을 향해 더 깊이 성장하기를 원한다. 그 이유는 하나님이 끝없이 무한하시기 때문이다. 우리는 성장하는 신자들이 얕은 물에 머물지 않고 더 깊어지도록 인도해야 한다. 물론 제자훈련에 임할 필요가 있는 새신자들을 갑자기 깊은 물로 인도하고 싶지는 않을 것이다. 그렇다면 지역 교회는 시간이 지남에 따라

신자들을 더욱 성숙하게 만드는 점점 더 깊어지는 제자훈련을 준비해야 한다.

지역 교회가 제자들의 성장을 돕는 방법에 관해 토론하기 전에, 성령님만이 제자들을 거룩하게 하시고 성숙하게 하신다는 사실을 반드시 기억해야 한다. 구원은 처음부터 끝까지 하나님의 사역이며, 성화는 프로그램이나 제자훈련 과정으로 순서를 정할 수 없다. 바울은 고린도 교인들에게 글을 쓰면서 그들의 구원에 대해 다음과 같이 말한다. "너희 중에 이와 같은 자들이 있더니 주 예수 그리스도의 이름과 우리 하나님의 성령 안에서 씻음과 거룩함과 의롭다 하심을 받았느니라"(고전 6:11). 구원에 관한 바울의 삼위일체적인 묘사는 놀라운 데, 하나님이 처음부터 끝까지 성도의 구원을 이끄시는 것을 상기시키기 때문이다. 그리스도인은 하나님에 의해 씻겨지고, 하나님에 의해 거룩해지고, 하나님에 의해 의롭다 칭함을 받는다. 구원은 처음부터 끝까지 성령 하나님의 권능에 의해 성자 하나님을 통해 이루어지는 성부 하나님의 사역이다.

그리스도인의 삶에서 성화는 전적으로 우리의 삶에 힘을 주는 성령님의 임재와 지속적인 사역을 통해 이루어진다. 베드로전서 1장 2절은 구원은 "곧 하나님 아버지의 미리 아심을 따라 성령이 거룩하게 하심으로 순종함과 예수 그리스도의 피 뿌림을 얻는 것"이라고 주장한다. 성부 하나님은 구원을 시작하신다. 성자 하나님은 구원을 성취하신다. 성령 하나님은 우리가 순종 가운데 행하도록 구원을 적용하신다. 그리스도인의 삶에서 삼위일체 하나님을 믿고 의지하는 것을 대체할 수 있는 것은 없다. 성령님의 능력으로 그리스도인의 삶을 사는 것 외에 더 깊은 제자훈련을 위한 길은 없다. 오직 성령님만이 우리를 온전케 하시고 아들의 형상을 닮게 하신다. 만일 성령님의 역사가 없다면, 우리의 모든 사역 계획들은 허사가 될 것이다.

그러나 그리스도 안에서 성장하는 신자와 지역 교회의 책임에 관해서는 또 다른 면이 강조되어야 한다. 신약성경은 끊임없이 제자들과 지역 교회가 그들 자신의 영적 성장에 적극적으로 참여할 것을 요구한다. 바울은 로마에 있는 그리스도인들에게 "그러므로 형제들아 내가 하나님의 모든 자비하심으로 너희를 권하노니 너희 몸을 하나님이 기뻐하시는 거룩한 산 제물로 드리라 이는 너희가 드릴 영적 예배니라 너희는 이 세대를 본받지 말고 오직 마음을 새롭게 함으로 변화를 받아 하나님의 선하시고 기뻐하시고 온전하신 뜻이 무엇인지 분별하도록 하라"(롬 12:1-2)고 요구한다. 바울은 고린도 교인들에게 "지혜에는 아이가 되지 말고 악에는 어린 아이가 되라 지혜에는 장성한 사람이 되라"(고전 14:20)고 격려하면서 그리스도인의 삶은 계속 성숙해야 한다고 말한다. 바울은 또한 빌립보 교회의 제자들에게 그리스도를 목표로 삼아 온 힘을 다해 성장해야 한다고 말한다.

> "어떻게 해서든지 죽은 자 가운데서 부활에 이르려 하노니 내가 이미 얻었다 함도 아니요 온전히 이루었다 함도 아니라 오직 내가 그리스도 예수께 잡힌 바 된 그것을 잡으려고 달려가노라 형제들아 나는 아직 내가

잡은 줄로 여기지 아니하고 오직 한 일 즉 뒤에 있는 것은 잊어버리고 앞에 있는 것을 잡으려고 푯대를 향하여 그리스도 예수 안에서 하나님이 위에서 부르신 부르심의 상을 위하여 달려가노라 그러므로 누구든지 우리 온전히 이룬 자들은 이렇게 생각할지니 만일 어떤 일에 너희가 달리 생각하면 하나님이 이것도 너희에게 나타내시리라 오직 우리가 어디까지 이르렀든지 그대로 행할 것이라"(빌 3:11-16).

신약성경은 그리스도인의 삶이 전적으로 은혜지만, 우리는 또한 그 은혜 안에서 자라도록 부르심을 받았다는 역설적인 그림을 보여준다. 즉, 은혜는 성장에 반대되는 것이 아니라 오히려 성장하게 한다. 그리스도의 은혜를 입은 사람들 역시 그리스도 안에서 성장하기를 원한다.

신학적으로 분명한 것은 하나님이 처음부터 끝까지 구원하신다는 것이다. 영적 성장은 전적으로 하나님의 은혜의 사역이다.[1] 하나님의 변화시키는 은혜는 우리를 의롭다 칭하는 은혜보다 덜하지 않다. 우리를 성화시키는 하나님의 사역은 그분의 거듭나게 하는 사역과 분리되지 않는다. 복음은 우리에 의해 성취되는 것이 아니라 우리가 받아들이는 것이다. 복음은 공로로 얻는 것이 아니라 자비로 얻는 것이다.

그러나 이와 더불어 그리스도인들은 앞으로 나아가며 힘을 다해 성숙을 추구하도록 부르심을 받았다. 제자들은 경건에 이르도록 자신을

---

[1] Ellen T. Charry, *By the Renewing of Your Minds: The Pastoral Function of Christian Doctrine* (New York: Oxford University Press, 1999), 53.

연단해야 한다(딤전 4:7). 복음을 받아들이면 복음 안에서 성장하기를 바라는 소망이 제자들에게 생긴다.

우리가 많은 사역을 하고 탁월하게 사역을 한다 해도 우리가 신자의 삶에 성화를 가져오는 것이 아니다. 성화는 오직 하나님의 사역이며 하나님의 책임이다. 그리스도의 형상으로 사람들을 성장시키기 위한 자신의 사역 전략을 과대평가하지 말라. 그렇지만 지역 교회는 사람들이 성숙을 향해 나아가고, 영적 발전의 다음 단계를 밟고, 전인적인 제자로서 그리스도의 분량까지 성장하도록 권하라는 부르심을 받았다. 제자훈련의 단계는 성령님의 역사를 대행하는 것이 아니라, 성령님이 이러한 환경들을 사용해 성숙한 제자들을 성장시키신다고 가정하고 만들어지는 것이다.

복음은 칭의와 성화를 모두 포함한다. 이 사실은 우리의 사역 철학이 구원을 위해 복음에 응답할 기회를 제공함과 함께 동시에 영적 성장을 위해 복음에 더 깊이 들어갈 기회를 주어야 한다는 의미다. 우리는 사람들에게 그리스도인의 삶 전체가 은혜로 인한 것임을 끊임없이 상기시키면서 동시에 그리스도 안에서 성장하라고 요구해야 한다. 달라스 윌라드(Dallas Willard)는 "은혜는 노력과 반대되는 것이 아니라 공로에 반대된다. 공로는 태도이고 노력은 행동이다"라고 지적한다.[2] 이 사실은 통합적인 사역 철학을 개발하는 데 매우 중요하다. 노력이 은혜에 반대

---

2 Dallas Willard, *The Great Omission: Reclaiming Jesus's Essential Teachings on Discipleship*, (New York: HarperOne, 2014), 61; 달라스 윌라드, 『잊혀진 제자도』, 윤종석 역, 복있는사람.

된다고 생각하는 사역 철학은 결코 온전한 제자를 양육시킬 수 없다. 즉, 성화가 성령님의 역사라는 것은 교회가 제자훈련을 위한 계획적인 단계를 개발하는 것을 부인하는 것이 아니다. 도리어 성령님은 하나님의 백성의 성숙을 위해 제자훈련이란 과정을 사용하신다.

하나님은 사람을 성장시키기 위해 교회를 사용하신다. 이 말은 우리가 교회의 신자들이 영적으로 성장하도록 전략적으로 제자훈련 단계를 생각해야 한다는 의미다. 만약 지역 교회가 교인들에게 똑바로 나아갈 뿐 아니라 성장하라고 요구하지 않는다면, 우리는 그들을 잃게 될 것이다. 사역에서 우리에게 필요한 패러다임 전환 중 하나는 "교회에서 어떻게 제자들을 유지할 것인가?"라는 질문 대신에 "교회가 제자들을 어떻게 성장시킬 것인가?"라는 더 나은 질문을 하는 것이다. 우리가 그들을 유지하는 데 집중한다면, 그들은 기껏해야 미성숙한 상태로 남아 있다가 최악의 경우 떠나게 된다. 우리가 그들을 성장시키는 데 집중한다면, 그들은 성숙할 것이다. 첫 번째 질문은 우리가 제자들을 유지하는 것에 만족한다는 사실을 보여준다. 두 번째 질문은 우리가 성숙한 제자를 만들 때까지 만족하지 않을 것을 보여준다.

성장을 방해하지 말라

단계는 궁극적으로 교인들이 더욱 성장에 도전할 수 있도록 정보나 헌신할 목표를 제시하는 것이다. 단계는 교인들의 성장과 성숙을 위한 훈련 단계다. 교인들은 항상 다음 단계와 도전 또는 기회를 알아야 한다. 예를 들어 우리는 공립학교가 수학, 과학, 사회 과목과 같은 범위를 어떻게 개발했는지 알고 있다. 이러한 과목들은 책임 있는 시민을 만들어내는 데 중요하다고 여겨진 주제들이다. 그 과목들은 또한 성장하는 학생을 위해 단계별로 자료를 제시하는 일련의 방법을 개발했다.

수학을 예로 들어보자. 학생들은 수를 세는 법을 배우는 것으로 시작해 더하기와 빼기, 곱하기와 나누기, 분수, 기하학, 대수학, 삼각법을 배우도록 점점 발전한다. 이는 학생들을 수학자로 성장시키는 일련의 단계다. 만일 학생들이 대수학으로 시작한다면, 아직 덧셈이나 뺄셈과 같은 기본적인 수학 능력을 계발하지 못했기 때문에 결코 그것을 배우지 못할 것이다. 만약 학생들이 덧셈과 뺄셈을 배운 후 나눗셈과 곱셈을 하도록 도전받지 않는다면, 그들은 결코 기하학을 할 수 있는 학생으로 성장하지 못할 것이다. 학습 단계는 학습 수준과 성숙도에 적합하게 제시되어야 한다. 학생이 더하기와 빼기에서 곱셈과 나눗셈으로 옮길 때 거기에는 성장을 돕기 위한 긴장과 압박감이 있다. 그들은 그 단계에서 어떻게 해야 할지 잘 모르겠지만 그렇다고 그들이 감당하지 못할 정도는 아니다.

이 원칙은 체력 운동에서도 마찬가지다. 내 친구 중 한 명은 최근에 달리기 어플리케이션을 깔았는데, 그 앱은 400미터를 달리는 것으로 시작해 점차적으로 결국 5킬로미터를 달릴 수 있도록 고안되었다. 하지만 내 친구가 만일 5킬로미터로 시작했다면 좌절감으로 포기했을 것이다. 혹은 소파에 앉아만 있었다면 결코 5킬로미터를 달릴 수 없었을 것이다. 같은 운동만을 계속 반복하는 운동선수들은 그들의 몸이 더 이상 도전을 받지 않기 때문에 결국 정체될 것이다. 그들이 필요로 하는 것은 계속 똑같은 것을 되풀이하는 것이 아니라 더 많은 반복과 더 많은 훈련을 요구하는 새로운 단계의 운동이다. 이를 적응이라고 부르는데, 신체는 새로운 도전과 훈련 부하에 따라 변화하고 성장한다.

이것은 지역 교회에서 제자훈련 단계가 어떠해야 할지를 보여주는 작은 그림이다. 지역 교회에 제자훈련을 위한 학습 환경이 있는 것만으로는 부족하다. 우리는 제자들의 성숙도를 높이기 위한 일련의 적극적인 제자훈련 단계가 필요하다.

전통적인 기독교 교육 모델이 성과를 거두지 못한 이유 중 하나는 제자들이 어떻게 성장하는지에 대해 전략적으로 생각하지 못한 것이다. 교육 기반의 제자훈련 모델 대부분이 중학교 2학년 수준의 난이도로 가르친다. 그 정도가 다수의 사람이 성경이나 다른 제자훈련의 주제를 이해할 수 있는 기본 수준이기 때문이다. 그러나 교인들에게 도전이 되는 다음 단계나 다른 환경은 거의 없다.

예를 들어, 나는 거의 40년 동안 동일한 수준의 성경공부에 참여한 한 부부를 알고 있다. 전반적으로 그 수업은 훌륭한 제자훈련이었다. 그 수업은 그들이 성경과 그들의 공동체를 사랑하도록 도왔고, 그들은 이 수업의 결과로서 그리스도와 더 가까이 동행하게 되었다. 그러나 그 다음 단계를 밟으라는 도전은 없었다. 그들은 지난 40년 동안 언제나 중학교 2학년 수준의 제자훈련에 머물렀다. 그들은 결코 더 어렵거나 더 도전적인 단계에 힘을 쏟으라는 권면을 받지 못했다. 이 제자훈련 모델은 그들을 유지시켰지만 그들을 성장시키는 데는 무리였다. 이는 수학을 배우는 학생이 40년 동안 중학교 2학년 수준의 수업에 머물러 있는 것과 같다고 볼 수 있다. 만약 지역 교회가 중학교 2학년 수준으로만 계속 제자훈련을 한다면, 우리는 그 수준의 제자들만 얻게 될 것이다. 만약 참가자가 중학교 2학년이라면 그 수준에 머무는 것은 문제될 것이 없다. 하지만 지금쯤 선생이 되어야 할 사람이 아직 중학교 2학년에 머물고 있다면 이는 잘못된 것이다.

히브리서 저자는 단계의 중요성을 강조한다. "때가 오래 되었으므로 너희가 마땅히 선생이 되었을 터인데 너희가 다시 하나님의 말씀의 초보에 대하여 누구에게서 가르침을 받아야 할 처지이니 단단한 음식은 못 먹고 젖이나 먹어야 할 자가 되었도다"(히 5:12). 그는 또한 이렇게 덧붙인다. "그러므로 우리가 그리스도의 도의 초보를 버리고…… 완전한 데로 나아갈지니라"(히 6:1-2). 제자훈련에서 가장 큰 비극 중 하나는 어른이 되어야 할 때 아직 유아인 것이고, 선생이 되어야 할 때 아직 학생인 것이다. 이 구절들은 학생, 유아 또는 젖을 먹는 것이 나쁘다는 것을 암시하지 않는다. 제자들은 결국 젖을 먹는 수준에서 고기를 먹는 수준으로, 학생에서 선생으로, 아이에서 어른으로 성장해야 한다는 뜻이다(고전 3:2). 우리는 모두 지역 교회에서 기초적인 제자훈련에서 벗어나 그리스도의 성숙한 제자가 되는 데 힘쓰도록 부르심을 받았다.

앞에서 내가 제시한 차기 담임목사 훈련 시나리오처럼, 지역 교회는 교인들이 그리스도와의 관계에 있어서 다음 단계로 나아갈 방법을 갖춰야 한다. 그래서 교인들이 학생에서 교사로, 유아에서 어른으로 성숙하도록 해야 한다. 우리는 그들을 40년 동안 같은 장소에 가두는 제자훈련 환경을 제공해서는 안 된다. 우리는 정체된 제자훈련에 만족해서는 안 된다. 우리는 교인들의 영적 성장을 막아서는 안 된다.

그렇다면, 지역 교회는 어떻게 깊은 제자훈련을 위한 일련의 단계들을 개발할 수 있을까? 제자훈련의 간단한 단계는 다음과 같다.

- 모든 사람을 위한 제자훈련 환경
- 제자 삼는 제자들을 위한 제자훈련 환경
- 지도자들을 위한 제자훈련 환경

이러한 환경은 우리가 생각하는 것보다 더 많은 공통점을 가지고 있다. 모두 활동적인 학습 환경이며, 모두 같은 범위를 공유한다. 우리가 결정하는 제자훈련의 범위(성경, 교리, 영적 습관 등)가 무엇이든 우리는 이 모든 환경에서 그 범위를 가르칠 것이다. 우리는 단계별로 제자에게 필요한 것을 바꿀 필요가 없다. 우리는 그들에게 필요한 것을 더 많이 주되 성숙의 수준에 맞게 줄 것이다.

예를 들어, 모든 사람을 위한 제자훈련 환경에서는 중학교 2학년 수준으로 성경을 가르칠 것이다. 하지만 제자 삼는 제자들을 위한 제자훈련 환경에서는 고등학교나 학부생 수준으로 성경을 가르칠 것이다. 그 다음 지도자들을 위한 제자훈련 환경에서는 대학원 수준으로 가르쳐야 한다. 바뀌는 것은 콘텐츠의 유형이 아니라 우리가 교육하는 사람들의 접근성 수준이다. 주제의 본질의 깊이에 따른 변화일 뿐 주제의 성격은 바뀌지 않는다. 이러한 제자훈련 환경을 구별하는 주요 특징은 접근성 수준이다. 각각의 환경들은 그 환경에 있는 사람들에게 긴장을 느끼도록 설계되어야 한다.

모든 사람을 위한 제자훈련

깊은 곳으로 들어가려면 표면에서 시작해야 한다. 제자훈련 단계의 첫 시작은 모든 사람을 대상으로 해야 한다. 교회에는 불신자, 새신자, 성숙한 신자 등 모두가 환영받는 학습 환경이 꼭 필요하다. 이러한 제자훈련 환경은 제자훈련의 범위에 기초하고 있으며, 교회 전체가 접근하기 원하는 종류의 학습을 제공하도록 설계되어 있다. 지난 장에서 제시한 범위를 바탕으로 우리는 성경과 교리, 그리고 영적 습관에 있어서 교인들이 성장할 수 있도록 특별히 마련된 학습 환경을 갖춰야 한다. 이러한 제자훈련 환경을 통해 우리는 영적 엘리트가 아니라 모든 사람을 위한 성경과 교리, 그리고 영적 습관을 제시한다.

범위의 한 분야가 성경을 잘 아는 것이라면 우리는 모든 교인들이 참여해 배울 수 있는 성경공부를 제공해야 한다. 내 생각에 이를 위한 가장 좋은 방법은 교회와 지역 공동체 모두에게 열린 남녀 성경공부이다. 대부분의 사람들이 성경을 펴는 것에 겁을 먹고 있으므로 지역 교회가 성경 읽기를 돕는 전용 학습 환경을 제공하는 것이 필수적이다.

나는 또한 당신이 이러한 환경을 여러 세대로 만들 것을 권하고 싶다. 장년 성경공부와 청소년 성경공부 두 가지만 유지할 필요는 없다. 연령에 따라 적절히 여러 소그룹으로 분리시킬 수 있다. 그러나 청소년들은 장년들이 학습 과정을 계속 밟는 것을 보는 것이 중요하고, 장년들은 청소년들이 그 학습 과정의 첫 단계를 밟는 것을 보는 것이 매우 중요하다. 우리는 이러한 환경에서 그리스도인들이 스스로 성경 읽는 법을 배울 수 있도록 도울 기회를 얻게 된다.

범위의 한 분야가 영적 습관이라면, 교인들이 경건 훈련에 참여하는 법을 배우도록 특별히 마련된 학습 환경을 갖춰야 한다. 신학, 교회사, 선교, 변증학 등 그 범위가 무엇이든 제자훈련의 필수 도구라고 생각하는 것을 모든 사람이 배울 수 있는 환경을 제공해야 한다.

이때 사람들에게 도전이 되는 학습 환경을 제시하는 것이 중요한다. 각 학습 환경들은 모든 사람이 접근할 수 있도록 설계되지만, 또한 모든 사람에게 도전을 줄 수 있어야 한다. 그 환경이 모두를 위한 것이라고 해서 마냥 쉬워야 한다는 뜻은 아니다. 기억하라. 교인들에게 적절한 수준의 부담을 주어야 한다. 너무 쉬워서 사람들이 올 필요가 없게 만들어서도 안 되고 또한 동시에 그들이 낙담할 정도로 높은 학습 수준을 제시해서도 안 된다.

이러한 학습 환경들은 새신자와의 훌륭한 연결점이 된다. 이 환경들은 전체 회중만큼 크지는 않지만 소그룹처럼 작지도 않은 중간 규모의 환경을 제공할 것이다. 그런 환경은 사람들에게 위협적인 요소가 거의 없기 때문에 교회 등록으로 이어지기가 쉽다.

이 단계에서 대부분 교회의 제자훈련 단계가 멈추어 있다. 하지만 우리가 만약 대화를 통해 교인들을 믿음으로 훈련하기 시작한다면 그들이 더 많은 것을 원한다는 사실을 발견할 것이다. 일단 훈련이 시작되면, 우리는 그들이 "언제 끝나나요?"라고 묻지 않고 "다음 단계는 무엇인가요?"라고 묻는 것을 보게 될 것이다. 시간이 지남에 따라 이 학습 환경에서 두각을 나타내는 사람들이 보일 것이다. 그들은 몇 년 동안 그것을 해왔고, 아마도 그들은 하나의 그룹을 이끌어왔고, 이제는 더 많은 것을 요구하고 있다. 우리는 그들이 깊은 제자훈련의 여정을 계속 진행할 수 있도록 환경을 마련해 주어야 한다. 최고의 제자훈련 환경은 우리의 욕구를 채우기보다 더 많은 욕구를 불러일으켜 학습에 더 굶주리게 한다.

제자 삼는 제자들을 위한 제자훈련

제자훈련의 두 번째 단계는 참가자들을 소비자의 자리에서 기여자의 자리로 옮기는 단계다. 이 단계에서는 이전보다 높은 기준을 세운다. 이때 지역 교회는 현대 신학에 실질적으로 기여할 기회를 갖게 된다.

이와 같은 제자훈련 환경에서는 참여 조건이나 필요 요건을 설정해야 한다.

첫째, 이 훈련 단계에 참가하는 이들은 이전 단계 제자훈련 환경에서 높은 수준의 헌신을 보여준 사람들이어야 한다. 그 이유는 그 기초 위에 이 단계를 세울 것이기 때문이다. 둘째, 그들은 교회 안 어딘가에서 인도하는 자리에 있어야 한다. 그들은 남성 또는 여성 성경공부 그룹을 이끌거나 자녀 사역을 이끌거나 주차 팀에서 봉사할 수 있다. 그들이 어디서 인도하는지는 중요하지 않다. 우리는 배우고자 하는 깊은 열망을 나타내며 봉사에 헌신하는 사람들을 위해 이 환경을 마련해야 한다. 그리고 그들은 이 환경에서 배운 것을 교회 내에서 그들이 봉사하는 곳으로 가져가야 한다.

다시 말하지만, 우리가 할 수 있는 가장 중요한 일 중 하나는 교인들을 위해 기준을 높이는 것이다. 그들을 위해 초등 학습을 넘어서는 더 높은 기준을 제시하지 않는다면 온전한 깊은 제자를 만드는 것은 불가능하다. 이 제자훈련 환경에서 우리는 이전에 세웠던 기준보다 더 높은 학습을 제공해야 한다. 높아진 기준 때문에 변화와 성장이 일어난다. 물론 더 많은 부담과 서로 다른 의견이 생길 것이다. 하지만 사람들은 계속 높아지는 기준으로 인해 평생 학습자로 성장할 것이다.

이 환경에서는 새로운 주제를 가르치는 것이 아니라 동일한 주제를 더 깊은 차원에서 가르치는 것임을 기억하라. 제자훈련의 범위는 동일하게 유지된다. 우리는 여전히 성경, 교리, 영적 습관을 가르치지만, 이 환경의 더 깊은 수준으로 참가자들을 초대한다. 그러면 참가자들이 소비자의 자리에서 기여자의 자리로 이동하는 것을 볼 것이다. 그들은 우리와 대화 파트너가 될 것이다. 이것은 그들이 자기 힘으로 그 정보를 소화하기 시작했다는 사실을 보여준다.

다음은 참가자들이 소비자의 자리에서 기여자의 자리로 이동하는 데 도움이 되는 몇 가지 예다. 모든 사람을 위한 제자훈련 환경에서 참가자들에게 교리에 관한 대화를 요청했다면, 이 단계에서는 그들에게 교리적 진술을 작성하도록 요청하라. 모든 사람을 위한 제자훈련 환경에서 그들에게 창조, 타락, 구속, 완성과 같은 성경의 줄거리에 대한 기본적인 이해를 원했다면, 이 단계에서는 그들에게 20분 안에 성경 이야기를 말해 달라고 요청하라. 이런 훈련을 통해 우리는 그들이 기대보다 훨씬 더 많이 성장하는 것을 보게 될 것이다.

우리의 생각과는 달리 교회의 더 많은 사람이 이 제자훈련 환경에 대해 준비되어 있을 것이다. 나는 참가자들이 이 단계에 관심이 있는 것을 알고는 계속 놀란다. 처음에 나는 가장 열심을 내는 최고의 참가자들은 신학 교육을 받았거나 장차 신학교에 가고자 하는 청년들일 것으로 생각했다. 나는 이 단계에 있는 참가자들이 사역이나 선교를 고려하면서 그들을 부르시는 하나님의 소명을 위해 더 많은 훈련을 바라기를 기대하고 있었다. 확실히 그런 조건에 맞는 훌륭한 참가자들이 많았지만, 이 단계의 제자훈련 환경에 관심을 가진 사람들과 이 단계에서 뛰어난 모습을 보인 사람들의 대다수는 그런 부류가 아니었다. 70대에 들어선 남녀가 많았고 고등학생들도 십여 명 있었다. 젊은 부부들도 있었고 자녀들을 출가시키고 홀로 사는 노인들도 있었다. 이런 단계를 제시할 때 우리는 사람들이 성장하기를 간절히 원한다는 것을 알게 된다. 깊은 제자훈련을 위한 길은 기준을 낮추는 것이 아니라 기준을 높이는 것이다. 이런 환경에 있는 사람들이 가장 많이 하는 경험담은 "나는 평생 교회에 있었는데 아무도 나에게 이런 말을 해주지 않았다"였다.

나는 또한 이 단계에서 여성과 남성의 비율이 기껏해야 50 대 50 정도일 거라 생각했다. 그러나 실제로는 60 대 40 정도였다. 이 결과는 대부분의 지역 교회 제자훈련 환경에 의도하지 않은 성별 치우침이 있다는 사실을 보여준다.

첫째, 이 수준의 제자훈련은 전통적으로 교회 밖의 신학교나 성경대학에서 제공되었고, 일반적으로 남성보다 여성에게 진입 장벽이 더 높았다. 이전에는 교회 밖에서만 가능했던 제자훈련이 갑자기 지역 교회에서 가능해지자 많은 여성들이 당장 등록했다. 우리가 이 환경을 연 것은 목마른 여행자에게 물을 준 것과도 같았다.

둘째, 공동체 중심의 제자훈련 환경 대부분이 자녀를 키우는 젊은 가정들을 위한 장애물을 제거하려고 애써왔는데, 이것이 엄마들의 참여를 더욱 도전했다. 지역 교회가 그들을 더 깊은 제자훈련으로 초대하자 점점 더 많은 젊은 엄마들이 활발하게 참여하게 되었다. 이 환경은 또한 그들에게 자녀들을 제자로 삼는 도구를 제공한다. 사실 이런 수준의 제자훈련은 과거에는 그들에게 허락되지 않았고 신학교에 다니는 비용은 너무 비쌌다. 그런데 우리가 지역 교회에 이런 환경을 도입하자 여성들은 관심을 갖고 열심히 참여하게 되었다.

예를 들어, 앞서 2장에서 잠깐 언급한 사만다라는 참가자는 교회에서 수년간 여성 성경공부를 이끌었고 교제 소그룹에 속해 있었다. 그녀는 더 도전적인 환경에 발을 들여놓는 것에 긴장했지만 배우기를 열망했다. 사만다는 다섯 아이의 엄마로서 교회의 몇몇 부서에서 봉사하고 있었다. 아무튼, 나는 그녀의 긴장을 이해했다. 나는 그녀가 이런 제자훈련 환경에 전념할 수 있으리라고는 생각하지 못했다. 그녀의 삶의 상황과 교회에서 그녀가 섬기는 사역이 대단히 많다는 사실을 고려할 때, 나는 그녀가 강도 깊은 제자훈련 프로그램에 참여하고자 하는 열망을 가질 줄은 전혀 생각하지 못했다.

그런데 내 생각이 틀렸다. 사만다는 2년 만에 그 훈련 프로그램을 마쳤으며, 3년째 되는 해에는 팀 리더가 되어 그 후 2년간 그 훈련 프로그램의 소그룹 간사로 섬겼다. 그녀는 자주 이렇게 말한다. "그 훈련 프로그램은 나의 삶을 변화시켰습니다. 나는 절대로 그 프로그램을 놓지 않을 겁니다." 이런 결과는 우리가 무언가 새로운 일을 했기 때문이 아니라, 지역 교회에서 그동안 잊혀진 깊은 제자훈련을 되찾았기 때문이다. 그 이후로 그녀는 그 훈련 프로그램에서 배운 것을 토대로 여러 다른 사역을 시작했다. 그녀는 매달 모여서 성경 전체를 큰 소리로 읽는 공개 성경 읽기 그룹을 시작했다. 그녀와 몇몇 다른 참가자들 역시 그 훈련 프로그램에서 배운 것을 평신도 관점에서 토론하기 위해 최근에 팟캐스트를 시작했다. 그녀는 소비자의 자리에서 기여자의 자리로 옮겨 갔다.

이 사실을 놓치지 말라. 우리가 사람들에게 깊은 제자훈련을 위한 도구를 주면, 그들이 다른 사람들을 제자로 훈련하기 시작할 것이다. 이는 내가 섬긴 교회에서 있었던 신자의 제사장 직분을 가장 잘 보여주는 예시 중 하나로서, 단순히 교회가 그들을 유지하는 것이 아니라 성장시키기를 원한 결과 일어난 일이었다.

우리는 이러한 환경을 통해 교회의 모든 사람에게 신학을 공부하는 자리를 제공한다. 깊은 지식을 배우는 것은 엘리트만의 전유물이 아니다. 그 단계를 기꺼이 밟고자 하는 모든 사람에게 열려 있다. 우리의 생각보다 더 많은 사람이 기꺼이 그 단계를 밟으려 할 것이다. 그때 우리는 신학을 하는 것이 그들의 생각처럼 두렵지 않다는 것을 그들에게 보여주어야 한다.

이와 같은 제자훈련 단계에서 중요한 미덕은 우리가 이미 논의했듯이 '사랑'이다. 참가자가 인도자도 모르는 질문을 하면 인도자는 "저도 모르지만 함께 알아봅시다"라고 말해야 한다. 참가자들이 목회자와 인도자도 여전히 깊은 제자훈련의 여정에 있다는 것을 알게 되면 얼마나 평안함을 느끼겠는가! 이들 참가자들은 배울 뿐 아니라 제자를 세울 수 있다는 자신감을 얻게 될 것이다. 그리고 교회의 제자훈련 문화 또한 변화될 것이다.

지도자들을 위한 제자훈련

가장 큰 아쉬움 중 하나는 지역 교회에서 사역을 이끌기 원하는 가장 헌신적인 제자들이 그 방법을 배우기 위해 지역 교회 밖을 살펴보아야 한다는 것이다. 그러나 제자들이 교회를 이끌려면 결코 교회를 떠나서는 안 된다. 교회의 기둥을 세우는 이 단계에서는 교회 및 하나님 나라를 지향하는 조직을 이끌 지도자를 만드는 데 중점을 둔다. 그들은 교회의 제자훈련 환경에서 이미 탁월한 능력을 발휘했으며, 점점 더 성장하고 깊어지는 그리스도인의 성숙을 보여주는 상위 수준의 지도자들이다. 이전 단계를 수료한 사람들에게만 허용되며, 오직 초청을 받아야만 참여할 수 있기 때문에 상당히 한정적이다. 궁극적으로 이 단계에서는 지역 교회의 장로, 집사 및 다른 성숙한 제자들을 훈련한다.

최고 지도자들을 교회 밖에서 훈련하는 것이 언제부터 교회에서 받아들여졌는가? 우리 교회에는 차기 장로, 집사 및 다른 성숙한 신자들을 위한 훈련이 있는가? 아니면 그들이 교회 밖에서 양육받고 있는가? 교회는 전문가 과정을 통해 차세대 지도자가 될 남성과 여성을 위한 제자훈련 환경을 회복할 수 있다.

많은 교회가 교회 개척이나 교회 부흥을 위한 전문적인 제자훈련 환경을 개발해 왔는데, 나는 이를 크게 추천한다. 일반적으로 이런 제자훈련 환경은 교회 외부 사람들의 신청을 받아 보통 1~2년 동안 훈련을 하고 파송한다. 이와 같은 제자훈련 환경은 가치 있고 유용하지만, 내가 말하려는 전문가 과정은 그런 것이 아니다.

교회의 첫 번째 책임은 지역 교회 외부의 사람들을 훈련하는 환경을 갖추는 것이 아니라 교회 내부의 사람들을 훈련하는 것이다. 우리 교회의 전문가 과정에 우리 교인들이 아닌 다른 교회 사람들이 가득하다면, 제자훈련 단계에 큰 모순이 있는 것이다. 이런 경우 우리는 제자훈련에 자금을 지원하면서도 정작 우리 교인들을 제자로 만들지 못한다. 왜 우리 교회의 전문가 과정을 우리 교인들로 채우려 하지 않는가? 이전 단계의 제자훈련 환경에 헌신했다면, 우리는 전문가 과정을 위해 준비된 사람들을 얻게 될 것이다.

우리가 지역 교회 안에서 제공하는 최고 수준의 투자와 최고 수준의 계획적인 제자훈련 환경은 교회 밖의 사람들이 아니라 교회 내의 지도자들에게 가장 먼저 제공되어야 한다. 만약 교회의 전문가 과정이 교회 외부 사람들의 신청에 의존한다면, 교회 안에서 이 과정에 참여할 만한 참가자들이 나타날 때까지 다른 제자훈련 환경에 더 투자할 것을 제안한다.

나는 우리 교회의 전문가 과정에 두 개의 트랙을 개발하는 것이 도움이 된다는 사실을 알았다. 하나는 사역 지도자들을 위한 제자훈련이고, 다른 하나는 일터 지도자들을 위한 제자훈련이다.

교회의 제자훈련 문화는 교회 지도자들의 성숙도를 결코 능가하지 못한다. 성숙한 제자가 없다면 그것은 우리가 그들을 훈련하지 않았기 때문이다. 우리는 미래의 지도자들, 즉 장로들과 집사들이 그들 직분의 성경적인 자격을 갖추도록 돕는 특별한 제자훈련 환경을 마련할 필요가 있다. 우리는 교회 지도자를 세우는 일에 외부기관을 의존할 수 없다. 교회는 온전한 장로와 집사를 배출하는 일에 큰 무게를 두어야 한다. 다시 말하는데, 사역 지도자들을 훈련하는 범위는 여전히 성경, 교리, 영적 습관이지만, 그들의 성숙도는 사역 지도자들에게 기대되는 수준이어야 한다. 이 환경에서 우리는 영적으로 성장하는 설교자와 교사와 목자와 종들을 길러낼 수 있다.

나는 또한 일터 지도자들을 위한 제자훈련 환경을 갖추기를 제안한다. 교회가 흔히 저지르는 한 가지 실수는 이 훈련을 리더십 계발사업처럼 생각하는 것이다. 나는 이런 마음을 이해한다. 리더십은 일터에서 이끄는 남성과 여성에게 중요한 자격이다. 그러나 교회의 주된 기능은 지도자를 만드는 것이 아니라 제자를 만드는 것이다. 일터 전문가 과정에서는 이미 일터에서 리더십을 발휘하는 남성과 여성에게 투자할 기회를 제공하고, 그들이 자신의 영역에서 그리스도인의 영향력을 뚜렷히 드러내도록 돕는다. 그리스도인 사업가, 교사, 의사, 대표이사들은 성경과 교리와 영적 습관이 그들의 직업에 어떤 영향을 미치는지 배우기를 원한다.

이런 환경에서 우리의 목표 중 하나는, 제자들이 배우는 자리에서 표현하는 자리로 이동하기를 돕는 것이다. 우리는 단지 그들에게 정보를 주는 것이 아니다. 이제 그들은 우리와 깊은 대화를 할 수 있다. 사람은 무언가를 분명하게 표현하기 전까지는 진정으로 아는 것이 아니다. 우리가 가장 헌신적인 교인들을 위해 환경을 갖추고 그들에게 많은 시간과 정성을 쏟는다면, 그들은 성경과 기독교 신앙과 영적 습관에 익숙해져서 자연스럽게 다른 사람들의 성장을 돕기 시작할 것이다.

깊은 제자훈련 문화는 교회 직원에게 의존하지 않는다. 잘 훈련된 회중에게 달려 있다.

교회는 "제자들을 어떻게 유지할 것인가?"라는 질문만 하지 말고 "제자들을 어떻게 성장시킬 것인가?"라는 더 나은 질문을 던져야 한다. 교제를 가장 큰 목적으로 하는 사역 철학은 제자들을 유지하는 데 초점이 맞춰져 있다. 배움을 가장 큰 목적으로 하는 사역 철학도 제자훈련 과정을 갖추지 않는다면 그 역시 제자들을 유지하는 데 치중하게 될 것이다. 그러나 교제 환경에서 학습 환경을 중요시하고 제자들이 일련의 훈련을 통해 다음 단계를 밟도록 사역 철학을 구현한다면, 우리는 그리스도의 제자를 성숙시킬 것이다.

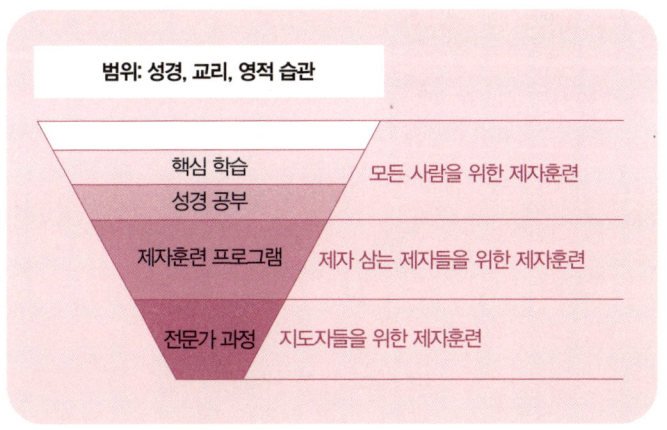

핵심 정리

1. 학습 기준을 어떻게 올리며 누구를 위해 올릴지, 그리고 언제 올릴지를 아는 것은 지역 교회의 깊은 제자훈련에 있어 필수 요소다.

2. 성숙한 신자들이 더 깊어질 준비가 되었을 때 그들을 얕은 물에 머물게 해서는 안 된다. 또한 천천히 깊은 제자훈련에 들어가야 할 새신자들을 깊은 바다로 던져 의욕을 상실하게 해서도 안 된다.

3. 지역 교회가 사람들에게 힘을 다해 성장하고 전진하라고 촉구하지 않는다면, 우리는 그들을 잃을 것이다. 우리가 사역에서 필요로 하는 패러다임의 변화 중 하나는 "어떻게 교회에서 제자들을 유지할 것인가?"가 아니라 "어떻게 교회가 제자들을 성장시킬 것인가?" 하는 더 나은 질문을 하는 것이다.

토론을 위한 질문

1. 당신은 성령님이 그리스도인들을 성화시키는 과정에서 일련의 제자훈련을 사용하실 것이라고 생각하는가, 아니면 일련의 훈련이 성령님의 역사에 방해가 된다고 생각하는가? 그렇게 생각하는 이유는 어떤 성격적 특성 때문인가, 아니면 과거의 경험 때문인가?

2. 제자훈련에 더 깊이 들어갈 때, 우리는 다른 내용으로 나아가는 것이 아니라 동일한 내용, 즉 하나님과 그분의 복음에서 깊어지는 것이라는 사실을 기억해야 한다. 이것이 왜 중요한가?

3. 당신의 교회는 현재 사람들이 제자훈련에 더 깊이 들어가도록 기회를 제공하는가, 아니면 단지 회원들을 유지하는 데 치중하고 있는가?

적용하기

1. 당신은 바로 앞 장에서 핵심적인 제자훈련 범위를 나열했다. 이제는 각 범위가 어떻게 다른 수준(단계)이어야 하는지 생각해 보라. 회의론자, 새신자, 어린이, 청소년, 노년층, 신학교 졸업생을 위해 각 범위 내에서 무엇이 제공되어야 하는가?

2. 제자훈련 단계를 개발하려는 의도를 회중에게 알리라. 당신은 성령님이 그 계획을 사용해 사람들을 거룩하게 하신다는 것을 어떻게 그들에게 설명할 수 있는가? 제자훈련의 계층 구조를 만들지 않으면서도 제자훈련의 단계(수준) 개념을 어떻게 전달할 수 있겠는가?

3. 당신의 지역 교회에 의도된 범위와 일련의 단계를 가진 제자훈련을 만들려는 시도에 하나님이 복 주시기를 기도하라. 성령님이 당신의 노력을 사용하셔서 그분의 백성을 성화시켜 주시기를 간구하라. 당신이 놓치고 있는 것이 있는지, 또한 당신이 만든 범위와 단계의 대략적인 초안에 수정할 것이 있는지 하나님께 여쭈라.

6장

파송: 제자들을 어디로 보내야 하는가?

몇 년 전에 호프(Hope)라는 젊은 여성이 우리의 훈련 프로그램에 참여했다. 그녀는 지역 병원의 간호사였고, 오랫동안 우리 교회의 충실한 교인이었다. 그녀는 하나님께서 그녀를 세계 선교 사역으로 부르실 것을 실제로 생각해본 적은 없었지만, 자신이 영향을 미칠 수 있는 영역에서 하나님의 사명에 충실히 참여하고 있었다.

그녀는 주일에 마태복음을 공부하는 제자훈련을 받고 있었다. 그 훈련은 단지 복음서 개론, 해석, 그리고 본문에 대한 기본적인 개요와 설명을 배우는 것이었다. 그런데 호프는 마태복음 개론을 통해 성경 이야기를 좀 더 분명하게 이해하기 시작했다. 예수님이 누구신지, 그리고 제자가 된다는 것이 무엇인지 알기 시작했다. 특히 마태복음 끝부분에 있는 대사명(the Great Commission)의 의미를 분명하게 알게 되었다. 그 훈련은 세계 선교에 관한 세미나가 아니라 복음서가 어떻게 우리를 제자로 빚어가는지를 알려주는 세미나였다. 우리가 왜 미전도 종족에게 나아가야 하는지에 대한 세미나도 아니었고 교회 개척에 관한 세미나도 아니었다. 그것은 단지 마태복음에 관한 간단한 세미나였다. 그러나 이 세미나를 통해 그녀의 마음에는 하나님의 사명이 새겨졌다.

그동안 교회는 "**몇몇** 제자들을 어디로 보내는가?"라는 질문을 해 왔다. 그러나 우리는 더 나은 질문인 "**모든** 제자들을 어디로 보내는가?"라는 질문을 해야 한다. 우리는 단지 선교사와 교회 개척자를 파송하는 데만 집중할 수는 없다. 물론, 우리는 교회 개척과 선교를 결코 멈춰서는 안 된다. 그러나 깊은 제자훈련 문화는 소수를 보내는 것이 아니라 모든 사람을 보내는 것이다.

어떤 교회들은 제자훈련에 너무 집중하면 선교에 집중하지 못할 수도 있다고 우려한다. 어떤 목사는 제자훈련에 집중하는 교회는 성경을 잘 알지만 선교에 약하다고 말하기도 한다. 이는 사실과는 너무 동떨어진 그릇된 생각으로, '둘 중 하나'의 사고방식을 보여주는 또 다른 예다. 이 말은 곧 우리가 제자훈련에 집중하는 교회가 되거나 '또는' 선교에 집중하는 교회가 된다는 뜻이다. 물론 제자훈련에 집중하는 일부 교회들이 선교를 소홀히 할 가능성이 있다. 하지만 그런 경우는 그들의 '제자훈련'의 초점이 참된 제자도에 있지 않다는 것을 보여준다.

제자훈련은 예수님을 배우는 사람들을 만드는 것이다. 예수님의 사명은 잃어버린 자를 찾아 구원하는 것이다. 주님은 우리에게 모든 민족에게 복음을 전하라고 명령하셨다. 우리의 제자훈련이 선교로 이어지지 않는다면, 우리는 예수님의 제자를 양육하고 있는 것이 아니다.

그러므로 깊은 제자훈련을 하는 교회는 선교적 교회이기도 하다. 훈련하는 교회는 또한 보내는 교회이기도 하다. 성숙한 기독교는 선교를 방해하지 않고 선교에 박차를 가한다. 교회의 증가는 성숙한 제자들의 증가로 시작된다.

온전한 제자들은 온 마음과 온 영혼과 온 힘과 온 마음을 다해 하나님을 사랑하며, 또한 이웃을 자기 자신처럼 사랑한다(눅 10:27; 마 22:27-40). 예수님은 이 위대한 계명(하나님 사랑과 이웃 사랑)을 통합적인 제자도의 큰 그림으로 주시며 그것을 방편으로 우리의 모든 자아가 하나님께로 향하게 하신다. 주님은 또한 그의 제자들에게 그들처럼 하나님을 사랑하는 많은 제자들을 양육하라고 지시하신다. 예수님은 부활하신 후 제자들에게 "하늘과 땅의 모든 권세를 내게 주셨으니 그러므로 너희는 가서 모든 민족을 제자로 삼아 아버지와 아들과 성령의 이름으로 세례를 베풀고 내가 너희에게 분부한 모든 것을 가르쳐 지키게 하라 볼지어다 내가 세상 끝날까지 너희와 항상 함께 있으리라"(마 28:18-20)라고 가르치셨다. 복음서가 우리에게 주는 그림은 그리스도인들이 대사명을 통해 이 위대한 계명을 지키는 제자들을 많이 만들어내는 것이다.

대사명은 위대한 계명을 지키는 그리스도인들에 의해 성취될 것이다. 위대한 계명을 지킨다는 것은 자신의 모든 것으로 하나님과 이웃을 사랑하는 것이다. 대사명은 위대한 계명을 지키는 그리스도인들을 만들기 위한 것이다. 위대한 계명은 우리가 대사명에 참여하도록 초청하고, 대사명은 우리가 위대한 계명에 참여하도록 초청한다.

만약 우리가 위대한 계명을 잃는다면 대사명은 약화될 것이다. 예수님의 사명은 마음이 나뉜 제자들을 만드는 것이 아니라 온전한 제자들, 즉 온 마음과 뜻을 다해 하나님을 사랑하고 이웃을 자기 자신과 같이 사랑하는 사람들을 만드는 것이다. 위대한 계명과 대사명 사이에는 긴장이 전혀 없으며 오히려 시너지 효과가 있다. 훈련과 사명은 상호 도움을 준다. 우리가 깊어지는 것을 먼저 택한다면 멀리 나아갈 것이다. 그러나 멀리 나아가는 것을 먼저 택한다면 결코 깊어지지 못한다.

제자들은 어디로 가는가?

우리는 제자훈련 환경에 대해 토론했다. 그곳에서 제자가 만들어진다. 또한 범위에 대해 토론했다. 범위는 제자들에게 필요한 훈련 분야를 말한다. 그리고 어떻게 제자가 성장하는지 그 단계를 다루었다. 이제 깊은 제자훈련을 위한 또 다른 중요한 질문이 있다. 그것은 제자들이 어디로 가야 하는가이다. 깊은 제자훈련을 추구하는 교회의 핵심 요소는 제자들이 하나님의 사명에 참여하도록 계획적으로 사명을 위임하는 것이다. 깊은 제자를 양육하는 것만으로는 충분하지 않다. 우리는 깊은 제자들을 보내야 한다. 깊은 제자도가 교회에 뿌리를 내리기 위해서는 훈련뿐만 아니라 파송에도 집중해야 한다. 파송 없이 단지 훈련에 집중하는 교회는 사명을 잃는다. 훈련 없이 파송하는 교회는 목적을 잃는다.

모든 제자훈련 환경에서 우리는 참가자들에게 "당신은 무엇을 배우고 있으며, 당신이 배우는 것을 누구에게 가르치고 있습니까?"라고 물어야 한다. 제자훈련은 훈련 자체로 끝서서는 안 된다. 반드시 모든 제자들은 가서 다른 제자를 만들어야 한다. 예수님의 제자가 된다는 것은 예수님의 다른 제자들을 만드는 것이다. 제자들은 배가의 의무를 진다. 지역 교회가 깊은 제자들을 양육하는 이유는, 그들이 하나님과 깊은 교제를 경험하고 다른 사람들을 그리스도와의 교제로 초대하는 사명에 참여시키기 위해서다. 그리스도의 제자를 만들지 않는 그리스도의 제자란 없다. 제자들은 제자들을 만든다. 지역 교회는 훈련과 파견을 모두 해야 하고, 사람들을 세워서 사명을 맡겨야 한다. 훈련하는 모든 사람을 파송하고, 파송하는 모든 사람을 훈련하라.

그러나 이런 생각만으로는 충분하지 않다. 하나님의 사명에 참여하도록 사람들을 보내고 위임하는 시스템을 만드는 것이 중요하다. 깊은 제자도를 추구하는 교회들은 계획을 가지고 제자들을 교회, 가정, 이웃, 직장, 나라 및 민족으로 나아가도록 위임해 파송한다.

지역 교회로

파송은 영적인 엘리트들만을 위한 것이 아니다. 모든 그리스도인이 파송의 대상이다. 제자들을 파송하는 데 있어 가장 간과되는 측면 중 하나는 제자들을 지역 교회로 다시 보내 봉사하고 이끌도록 하는 것이다. 지역 교회가 그 자신을 가장 먼저 파송할 장소로 여기는 것이 약간 이상하게 들리겠지만, 나는 그것이 매우 성경적이라고 생각한다. 에베소서 4장 12절은 지역 교회에서 행해지는 제자훈련의 주된 목적 중 하나가 그리스도의 몸을 세우는 제자를 더 많이 양육하는 것이라고 상기시킨다. 모든 신자는 지역 교회에서 사역하고 봉사하도록 부르심을 받는다. 신약이 우리에게 주는 가장 분명한 생각 중 하나는 우리가 모두 봉사를 통해 그리스도의 몸을 세우도록 부르심을 받았다는 사실이다. 교인들이 참가자가 아닌 청중이 될 때, 신약성경이 말하는 제자도와 동떨어지게 된다. 사역은 교회 직원들이 하는 것이 아니라 교회 전체가 하는 것이다. 지역 교회의 책임은 사람들에게 쇼를 보여주는 것이 아니라 그들을 불러 봉사하도록 세우는 것이다.

그리스도께서는 모든 성도가 사역할 수 있도록 준비시켜 세우기 위해 교회에 목사, 전도자, 교사 등 교회의 기초가 되는 은사들을 주셨다. 그런데 이 근본적인 은사들에 모든 관심이 쏟아지는 까닭에 너무도 자주 교회는 이것만이 유일한 은사인 것처럼 행동하게 된다. 하지만 신자 모두가 은사를 받았기 때문에 교회는 재능 있는 사람들을 무대에 세우기보다 모든 지체가 봉사하도록 인도해야 한다. 각 신자는 그리스도의 몸을 세우기 위해 자신이 받은 영적 은사로 교회를 섬겨야 한다. 교회 직원의 역할은 사람들을 위해 사역을 하는 것이 아니라, 모든 사람이 사역할 수 있도록 그들을 훈련시켜 세우는 것이다. 우리는 로마서 12장에서 이와 비슷한 그림을 볼 수 있다.

"우리가 한 몸에 많은 지체를 가졌으나 모든 지체가 같은 기능을 가진 것이 아니니 이와 같이 우리 많은 사람이 그리스도 안에서 한 몸이 되어 서로 지체가 되었느니라 우리에게 주신 은혜대로 받은 은사가 각각 다르니 혹 예언이면 믿음의 분수대로, 혹 섬기는 일이면 섬기는 일로, 혹 가르치는 자면 가르치는 일로, 혹 위로하는 자면 위로하는 일로, 구제하는 자는 성실함으로, 다스리는 자는 부지런함으로, 긍휼을 베푸는 자는 즐거움으로 할 것이니라"(롬 12:4-8).

바울은 그리스도의 몸의 모든 지체가 서로의 섬김을 의존한다고 말한다. 우리는 서로가 필요하다. 지역 교회가 훈련받은 사람들을 지역 교회로 다시 위임해 보내는 간단한 시스템을 가지고 있지 않다면, 이는 교회가 그들을 필요로 하지 않는다고 말하는 것이나 다름없다. 교회의 각 지체는 몸을 섬기고, 전체의 유익에 기여하는 은사를 받았다.[1] 성도들에게 교회를 섬기도록 권한을 부여한 후 파송한다면, 모든 사람이 교회에 더욱 유익을 줄 것이다. 그리고 교회는 우리가 한 몸이고 많은 지체이며 각자에게 서로가 필요하다는 복음의 진리를 전하게 된다.

지역 교회에서 의미 있게 섬기고 이끄는 것이 선교의 인큐베이터다. 제자들을 땅끝으로 보내는 선교와 비교하면, 이것은 단지 자기 교회를 섬기는 것으로 여겨질 수 있다. 마치 다른 사람들의 필요보다 우리

---

[1] Leon Morris, *The Epistle to the Romans* (Grand Rapids: Eerdmans, 1988), 438.

자신의 필요에 더 관심을 두는 것처럼 여겨질 수 있다. 나는 그런 느낌을 이해하지만, 제자들을 지역 교회에서 봉사하도록 위임해 보내는 것은 실제로 사람들을 위임해 땅끝으로 파송하게 하는 것이다. 우리는 제자로 훈련한 사람들 대다수를 해외로 파송하지는 않는다. 그러나 그들은 건강한 지역 교회를 세우는 데 상당한 기여를 할 수 있다. 그들이 지역 교회의 건강한 제자훈련 문화에 기여한다면, 다른 사람들이 힘을 얻어 땅끝으로 나아갈 동기를 부여받고 열방에서 제자를 만들도록 세워질 것이다. 만일 우리가 교회 안에서 제자들을 세우지 못한다면, 우리는 결코 열방 가운데서도 제자들을 세우지 못한다.

지역 교회에는 사람들을 위임해 보낼 수 있는 곳이 두 군데 있다. 첫째, 우리는 제자들을 그들이 이미 참여해온 제자훈련 환경으로 돌려보낼 수 있다. 교회의 제자훈련 단계에 따라 그들은 이전 단계의 환경에서 인도하거나 적어도 도움을 줄 수 있어야 한다. 예를 들어, 전문가 과정을 졸업한 사람은 이전 단계의 교육 환경에서 소그룹을 이끌 수 있어야 한다. 그들 중 일부는 남성 및 여성 성경공부와 같은 환경에서 가르칠 수 있을 것이다. 제자훈련 프로그램 졸업생은 교회의 남성 및 여성 성경공부를 이끌 수 있어야 한다. 이러한 환경들은 성도들의 삶을 변화시킬 것이기에 여기에서 봉사한다는 것은 엄청난 기회다. 그들은 자신이 직접 경험한 깊은 제자훈련을 다른 사람들도 경험하는 것을 보게 될 것이다. 우리는 또한 그들이 교사와 간사가 되면 이전보다 더 많이 배우는 것을 보게 될 것이다.

교육을 위한 환경을 갖출 때 피해야 할 한 가지는 모든 자리를 유급 사역자로 채우려는 자세다. 일단 다른 사람들을 훈련해 세웠다면 그들이 또 다른 사람들을 세울 수 있도록 위임하고 파송해야 한다. 그들에게 위임받을 자격을 알려주고, 일단 자격을 갖추면 그들이 다른 사람들을 섬기고 이끌기 위해 어떤 새로운 훈련 도구들을 사용할 수 있는지 보여주라. 장로들과 목회자들이 처리해야 할 일들이 분명히 있지만, 많은 학습 환경에서는 교회에서 훈련받은 지체들이 인도하고 가르치고 도움을 주도록 해야 한다. 모든 제자훈련 환경을 유급 인력으로 배치하기보다는 이미 훈련한 사람들을 보내어 그들이 다른 사람들을 훈련하도록 책임을 부여하라. 그러면 모든 교인들을 제자훈련의 청중이 아닌 참가자로 만들 큰 기회를 얻을 것이다. 그들이 제자훈련의 한 환경을 맡아서 섬길 때 우리는 제자훈련의 가장 깊은 단계가 진행되는 것을 볼 것이다.

둘째, 제자들을 학습 환경으로 돌려보낼 뿐만 아니라, 교회의 다른 사역으로 보낼 수도 있어야 한다. 빌리지 교회 학교(The Village Church Institute)에서 훈련 프로그램을 시작한 첫해에, 나는 그처럼 큰 훈련을 요구하면 사람들이 다른 사역에서 섬기기를 중단하게 될까 봐 걱정했다. 나는 심지어 몇몇 간사들이 많은 자원봉사자들을 잃을까 봐 우려하는 것을 보았다. 나는 학생부 자원봉사자나 소그룹 리더들이 1년간의 훈련 프로그램에 참여하기 위해 봉사를 1년 동안 쉴 것으로 생각했다. 아마도 상담부서에서 봉사하는 팀은 그들이 훈련 프로그램에 참여하는 동안 그 부서를 계속 이끌 수 없으리라 여겼다. 우리는 이러한 우려를 고려해 그들이 훈련 프로그램을 이수하는 동안 다른 부서에서 봉사하는 것을 입학 조건으로 삼았다. 우리는 교회의 다른 부서에서 봉사하지 않는 사람은 훈련 프로그램에 받아들이지 않기로 했다. 우리는 단지 수업을 듣기 원하는 사람들이 아니라 이미 교회를 섬기는 사람들을 위해 최고의 훈련과 도구를 제공하기를 원했다. 따라서 이 원칙을 고수했다. 이 원칙 때문에 수많은 신청자가 생겨났고 우리는 그들이 배우는 것을 다른 사람들과 나누고 가르치는 통로를 얻게 되었다.

우리는 즉시 훈련 프로그램이 교회의 다른 제자훈련 사역에 영향을 미치는 것을 볼 수 있었다. 가정교회 리더들은 훈련 프로그램과 비슷한 커리큘럼으로 그들의 그룹을 이끌기 시작했다. 고등학교 성경공부를 이끄는 교사들은 기독교 교리의 기초를 학생들에게 가르치기 시작했다. 유치부와 초등부 사역 담당자들은 그들의 커리큘럼을 그들이 훈련받는 내용과 일치하도록 수정하기 시작했다.

지난 몇 년 동안 교회에서 내가 가장 즐거워했던 일 중 하나는 내 두 자녀인 토마스(Thomas)와 베일리(Bailey)를 예배 시간에 유치부로 데려가는 것이었다. 우리 교회의 가정 사역 지도자들은 교회에서 가장 헌신적이고 열성적인 제자 양육자들이다. 특히 어떤 반은 그 해에 훈련 프로그램을 받고 있던 어떤 부부가 이끌었다. 그는 석유회사 경영자로 일하고 있었고, 아내는 교회의 여러 부서에서 열심히 봉사하고 있었다. 그들이 훈련 프로그램에 들어왔을 때 나는 그들이 헌신하겠다고 한 약속들, 특히 어린이 사역에서 봉사하겠다는 약속을 지킬 수 없을 것 같아서 걱정했다. 하지만 1년 동안 그 훈련 프로그램을 인도하면서 내가 깨달은 것은 그들은 약속을 지킬 수 있었을 뿐 아니라 실제로 그 약속에 더 헌신하게 되었다는 사실이다.

이 부부는 그들이 하는 일에서 새로운 힘과 열정을 경험했다. 나는 그들의 교실을 지나면서 그들이 어떻게 새로운 힘으로 성경을 가르치고 설명하는지를 듣곤 했다. 그들은 훈련 프로그램에서 듣는 언어와 비슷한 언어를 사용했는데 다만 유치부 아이들이 알아들을 수 있게 쉬운 말을 사용했다. 그들은 교회에서 세 살짜리 아이들을 이끌었는데, 내가 자녀들을 그곳에 데려다주면서 알 수 있었던 것은, 거의 매주 그 아이들이 배우는 커리큘럼, 기도, 성경 이야기들은 훈련 프로그램에서 그 부부가 일주일 전에 배운 것과 직접적인 관련이 있다는 사실이다. 내 아들은 언제가부터 훈련 프로그램의 언어를 사용했는데, 내게서가 아니라 우리의 참가자들로부터 들은 것이었다.

그들은 "당신은 무엇을 배우고 있으며 누구에게 그것을 가르치고 있습니까?"라는 질문에 훈련 프로그램에서 배운 것을 가져와 아이들에게 가르치는 것으로 대답했다. 깊은 제자훈련은 우리가 훈련하는 사람들이 다른 사람들을 훈련하도록 위임을 받고 보냄을 받을 때 가장 분명하게 나타난다.

이 부부는 깊은 제자훈련이 사명을 방해하지 않는다는 것을 보여주는 살아있는 증거다. 깊은 제자훈련은 대사명에 불을 붙인다. 그들은 이제 어린이 사역의 자원봉사자가 아니라 어린이 사역의 지도자로 훈련받고 위임받아 보내심을 받은 선교사가 되었다. 그들의 사역은 멋지지는 않지만 필요했다. 그들의 섬김은 우리가 그들을 위해 수고하는 것이 어떻게 다른 사람들에게도 영향을 미치는지 보여주었기에 더 큰 의미가 있었다. 그들은 제자훈련 과정의 수혜자일뿐 아니라 제자훈련의 통로로서 자신을 인식하기 시작했다. 그들은 자신이 단순한 자원봉사자가 아닌, 교회에서 없어서는 안 될 사역 파트너라는 사실을 깨닫게 되었다.

교회에서 봉사할 사람들을 훈련시키고 보낼 때 모든 사역이 공유할 제자훈련 문화를 만드는 것은, 지역교회에 있어 가장 큰 기회 중 하나다. 깊은 제자훈련을 추구하는 교회가 겪는 가장 큰 위협 중 하나는 각 사역이 고립되는 것이다. 교회의 사역 중 하나만이 깊은 제자훈련 문화를 갖는다면 아무런 효과를 볼 수 없다. 모든 사역 부서가 깊은 제자훈련이라는 비전을 나눌 필요가 있다. 이는 각 부서들이 계획적으로 사람들을 다른 부서에서도 섬길 수 있도록 서로 제자로 양육시켜 준비시킬 때 가능하다.

만약 교회가 세운 범위와 단계를 모든 연령층이 공유한다면 어떨까? 그런 상태에서 사람들을 성경공부, 훈련 프로그램, 핵심 수업 또는 전문가 과정으로 훈련하면 그들은 위임받은 환경에 가서 훈련받은 범주와 언어를 사용하게 된다. 만일 교회가 계획적으로 성경 이야기, 기독교의 기본 교리, 영적 습관을 중심으로 사람들을 훈련한다면, 그들은 그들이 섬기는 사역에서 그 언어를 적절히 사용하게 될 것이다. 이것은 우리가 이 부부만이 아니라 다른 많은 인도자에게서 보았던 현상이다. 그들은 우리가 제자훈련 학습 환경에서 사용한 언어와 생각을 가져가서 아이들을 섬길 때 적절히 사용할 수 있었다.

사람들은 제자훈련을 졸업하는 것이 아니라 더 깊은 제자훈련을 받도록 위임받아 파송된다. 지금부터 이 말을 자주 하는 것이 중요하다. 사람들이 성경공부, 핵심 수업, 훈련 프로그램 또는 전문가 과정을 마치면 그들은 졸업하지 않고 사역을 위임받는다. 졸업생은 없고, 대신 위임받고 파송된 참가자들이 있다. 교인들이 제자훈련 과정에 참여할 때, 그들은 훈련을 수료로 마치는 것이 아니라 교회로 돌아가 섬기도록 위임받는 것임을 깨닫는 것이 중요하다.

언젠가 우리 교회는 방학 중에 열리는 어린이 성경학교 커리큘럼을 개정하기로 했다. 어린이부 간사들은 교인 중 몇 사람에게 글쓰기 과정을 도와달라고 부탁했다. 그 교인들은 모두 훈련 프로그램을 졸업한 사람들이었다. 그들은 교회로 돌아가 봉사하도록 위임을 받은 상태였기 때문에 이 책임을 맡을 준비가 되어 있었다. 그들은 훈련 프로그램에서 배운 모든 것을 가지고 아이들에게 맞는 커리큘럼을 작성했다. 그들은 자신이 훈련받은 것을 기초로 하여 모든 작업 계획과 동영상 및 노래를 준비했다. 아이들을 위한 이 제자훈련은 전임 간사들이 아닌 단지 교회에 봉사하도록 훈련되고 배치된 남성과 여성들에 의해 완벽하게 수행되었다.

이런 제자훈련이 교회에 얼마나 중요한지 생각해 보라. 계획적으로 교회의 지도자들을 훈련하고 교회에서 인도자로 활약하게 하는 시스템이 만들어질 때, 우리는 그 결과에 깜짝 놀랄 것이다. 나는 교인들에게 인도자의 역할을 맡기면 제자훈련의 질이 떨어질까 봐 늘 걱정했지만, 염려할 필요가 없었다. 오히려 실제로는 제자훈련의 질이 더 좋아졌다. 이는 우리가 훈련 프로그램을 통해 수백 명의 사람들을 훈련시켰을 뿐 아니라, 우리의 참가자들이 그들이 배운 것을 가지고 수백 명의 다른 교인들을 가르치게 되었다는 것을 의미했다. 이것은 지역 교회에서 제자훈련을 하고 그들을 지역 교회로 파송시키는 것이 무엇인지 보여주는 최고의 예다. 우리가 훈련과 파송을 모두 소중히 여길 때, 우리는 지역 교회의 제자훈련을 모든 사람에게 적용할 수 있다.

계획적으로 교인들을 훈련하고 그들을 지역 교회로 다시 위임해 파송할 때 우리는 대사명을 소홀히 하는 것이 아니다. 그보다는 대사명이 성취되도록 돕는 것이다. 각 지체들이 곧 지역 교회이기에 그들은 단지 교회로부터 영향을 받는 것이 아니라 교회에 영향을 주게 되어 있다. 교회 직원들만 하나님의 사명에 참여하는 것이 아니라 모든 지체가 참여한다. 그러니 교인들을 훈련할 뿐 아니라 그들이 섬기고 이끌 수 있도록 그들을 계획적으로 지역 교회 안으로 파송하고 하나님의 사명에 참여하도록 권한을 부여하라. 파송하는 모든 사람을 훈련하고, 훈련하는 모든 사람을 파송하라.

가정과 이웃으로

제자들은 지역 교회로 보내질 뿐만 아니라 가정과 이웃으로 위임을 받고 보냄을 받는다. 배우자들, 부모들, 조부모들, 그리고 미혼자들은 다른 제자를 만들기 위해 그들의 집과 이웃으로 다시 파송된다.

우리 교회가 학습 환경에서 얻은 가장 건강한 영적 열매 중 하나는 주님 안에서 더 깊어지는 부부였다. 남성 및 여성 성경공부는 성별로 따로 만나기는 하지만 성경의 같은 책을 다루며 같은 커리큘럼을 사용한다. 이는 결혼한 부부들에게 멋진 대화의 기회를 만들어 주었고, 그들은 새롭게 그들의 가정을 영적 성장의 장소로 여기게 되었다. 남편들은 그들이 배우는 것을 아내와 나눌 수 있었고, 아내들은 하나님이 그들에게 가르치시는 것을 남편과 나눌 수 있었다.

많은 교회가 자녀들을 제자로 삼는 것이 부모의 책임이라고 옳게 말한다. 하지만 그것은 교회가 계획적으로 부모들을 훈련해 그들이 가정에서 영적으로 자녀를 양육하도록 권한을 부여받을 때에만 효과가 있다. 엄마와 아빠가 가정에서 복음을 전하며 자녀들을 제자로 양육할 때, 그들은 대사명에 순종하는 것이다. 엄마는 대사명에 참여하기 위해 해외로 나갈 필요가 없다. 그녀는 육아를 할 수 있다. 아빠는 대사명에 참여하기 위해 해외로 나갈 필요가 없다. 그는 아이들을 학교에 데려다줄 수 있다. 교회는 가정을 영적 성장을 위한 장소로 볼 뿐만 아니라, 부모들을 준비시켜 그들의 가정을 제자훈련의 장소로 만들도록 해야 한다. 다음 세대의 영적 성장을 위해 부모가 할 수 있는 최선의 일

중 하나는 주님과 가까이 동행하는 모습을 자녀들에게 보여주는 것이다. 가정은 부모가 자녀들에게 깊은 제자훈련이 무엇인지 보여주는 일차적인 장소다.

열방에 복음을 전하는 가장 빠른 길은 이웃에게 복음을 전하는 것이다. 물론 지역 교회는 복음을 땅끝까지 가져가야 하지만, 그 전에 우리는 복음을 이웃에게 가져가야 한다. 우리가 궁극적으로 열방에 파송해야 하는 사람들은 이미 이웃으로 파송된 사람들이어야 한다. 이웃을 제자로 삼을 수 없는 사람들을 열방을 제자로 삼는 일에 파송해서는 안 된다.

깊은 제자훈련 문화를 가진 교회들은 지난 10년간의 선교 운동을 기념할 것이다. 선교적 교회는 최선을 다해 교회를 세우고, 공동체를 변화시키며, 그리스도의 복음으로 사람들에게 다가간다. 그러나 선교 운동에 대해 우리가 배운 한 가지가 있는데, 양육되지 않은 사람을 파송하는 것은 위험하다는 사실이다. 우리는 아직 준비되지 않은 사람들을 파송하는 실수를 저질러왔다.

양육받지 않은 자를 파송한다면 교회가 스스로 무너질 위험이 있다. 우리가 지역 교회에서 깊은 제자훈련을 받지 않은 사람들을 파송한다면 그들은 파송된 곳에서 도리어 제자훈련을 받게 될 것이다. 이웃을 선교지로 볼 수 있도록 교인들을 교육하는 선교적 마음을 가진 교회들은 그들이 파송될 수 있도록 깊은 제자훈련을 하는 일에 동일하게 헌신해야 한다. 우리는 제자를 만들 수 있는 제자가 필요하기 때문이다.

그러므로 교회가 사람들을 양육해 그들을 그들의 공동체로 돌려보내는 일은 매우 중요하다. 대사명은 열방을 향해 파송하는 것으로 시작하지 않고 그들의 이웃에게 보내지는 것으로 시작한다.

일터로

하나님은 에덴 동산에서 사람과 함께 계셨을 뿐만 아니라 그들의 존재 목적을 알려주셨는데, 그것은 바로 일이었다. "여호와 하나님이 그 사람을 이끌어 에덴 동산에 두어 그것을 경작하며 지키게 하시고"(창 2:15). 기독교 세계관에서 볼 때 일은 본질적으로 선하다. 분명히 죄는 사람과 노동의 관계를 더럽혔지만(창 3:17-19), 하나님의 일차적인 의도는 인간이 하나님의 피조물을 경작하는 것이었다. 그러므로 인류의 주된 임무는 하나님의 피조물을 위해 일하고, 경작하고, 돌보는 것이라고 해도 과언이 아니다.[2] 이스라엘 백성은 바벨론에 포로로 있는 동안 예레미야 선지자를 통해 하나님의 피조물을 경작하고, 관리하고, 돌보라는 사명을 재확인 받았다.

"만군의 여호와 이스라엘의 하나님께서 예루살렘에서 바벨론으로 사로잡혀 가게 한 모든 포로에게 이와 같이 말씀하시니라 너희는 집을 짓고

---

2 Kenneth Mathews, *The New American Commentary: Genesis 1-11:26* (Nashville: Holman Reference, 1996), 209; 케네스 매튜스, 『NAC 창세기1』, 권대영 역, 부흥과개혁사.

> 거기에 살며 텃밭을 만들고 그 열매를 먹으라 아내를 맞이하여 자녀를 낳으며 너희 아들이 아내를 맞이하며 너희 딸이 남편을 맞아 그들로 자녀를 낳게 하여 너희가 거기에서 번성하고 줄어들지 아니하게 하라 너희는 내가 사로잡혀 가게 한 그 성읍의 평안을 구하고 그를 위하여 여호와께 기도하라 이는 그 성읍이 평안함으로 너희도 평안할 것임이라"(렘 29:4-7).

일은 하나님의 생각이며 우리는 모두 주변 사람들의 유익을 위해 일할 책임이 있다.

우리가 목양하는 많은 남성과 여성은 자신이 하는 일을 선으로 보는 데 어려움을 겪거나 혹은 궁극적인 선으로 여긴다. 그들은 자신이 하는 일이 가치가 없다고 믿거나, 혹은 그 일만이 수고할 가치가 있는 유일한 일이라고 믿는다. 다시 말해 일하는 목적이 없거나 혹은 그 일만이 유일한 목적인 것이다. 지역 교회가 교인들을 훈련해 일터로 파송할 때, 우리는 하나님의 사명이 그들의 일에 담겨 있기에 목적이 없는 일은 없으며, 그 어떤 일도 우리의 주된 목적이 아니라는 사실을 알려주어야 한다.

일터에서 그리스도인들의 주된 일은 선교이다. 모든 그리스도인이 사역자다. 바뀌는 것은 단지 환경이다. "우리의 노동으로 벌거벗은 사람들이 옷을 입고, 굶주린 사람들이 배불리 먹고, 병든 사람들이 치유된다. 우리는 수고함으로 우리의 이웃을 사랑한다. 우리는 하나님이 보내신 곳에서 수고하며 하나님의 대리자가 된다."³ 지역 교회는 그리스도인들에게 그들의 일이 복음 사역을 위해 어떤 의미가 있으며 어떻게 복음 사역의 기회로 이어지는지 알려주어서 그들이 새로운 비전을 가지도록 해야 한다.

이 책을 쓰는 동안, 우리의 일터 전문가 과정에 참여했던 어떤 사람이 내게 문자를 보냈다. 그녀는 댈러스에 있는 큰 회사의 마케팅 부서에서 일했는데, 오랫동안 자신의 직업을 제자훈련의 기회로 삼아보려고 애썼다. 그녀는 결국 전임 사역자로 경력을 바꾸는 것을 고려했고, 파트 타임으로 신학교에 다니기 시작했다. 그런 상황에서 그녀는 직장 동료들과 성경 이야기를 나눴다. 사람들 대부분이 성경이 통일된 이야기를 한다는 것을 몰랐다. 그들은 성경이 단지 도덕과 규칙과 명령의 책이라고 믿고 있었다. 그녀는 일의 관점에서 그들과 성경 이야기를 나눌 수 있었고, 그녀의 동료들은 일이란 주제가 성경의 시작부터 끝까지 이어져 있다는 사실을 알고는 놀랐다. 그녀는 그들과의 대화 덕분에 자신의 일이 의미 있으며, 하나님께서 주님의 나라를 위해 그녀를 그녀의 직장에서 사용하신다는 사실을 알게 되었다고 말했다.

개신교 종교 개혁에서 얻은 가장 큰 유익 중 하나는 일에 대한 그리스도인의 바른 이해를 회복한 것이다. 신자의 제사장직은 분명히 사역과

---

3 Daniel M. Doriani, *Work: Its Purpose, Dignity, and Transformation* (Phillipsburg, NJ: P&R Publishing, 2019), 66; 다니엘 M. 도리아니, 『WORK: 거룩씨가 일하는 법』, 임선희 역, 한국장로교출판사.

연결된다. 모든 그리스도인은 화해의 사역자이며 교회를 세우는 은사를 가지고 있다. 그러나 우리는 또한 신자의 제사장직이 일터에도 적용된다는 것을 상기시켜야 한다. 하나님의 영광을 위해 행해진 모든 일은 하나님께 영광이 된다. 우리가 교인들을 그들의 일터로 파송할 때 그들이 하는 일은 하나님께 중요하다. 직업과 관련해서는 신성한 일과 세속적인 일의 구분이 없다. 모든 의미 있는 일은 하나님께 영광을 가져다 준다.

그러나 오늘날 많은 그리스도인들은 여전히 전문 사역을 하는 것이 시장이나 교육 또는 의료 분야에서 일하는 것보다 더 의미 있다고 믿는다. 우리가 교인들을 위해 할 수 있는 가장 중요한 일 중 하나는 그들에게 자신의 일의 중요성을 상기시키고, 그들의 일상생활에 복음의 의미를 불어넣는 것이다. 깊은 제자훈련에 헌신하는 교회들은 그들의 제자 삼는 제자들이 그들의 일터에서 하나님 나라를 추구하도록 파송한다.

열방으로

마지막으로 교회 안에서 깊은 제자를 양육하는 일에 열정을 가진 교회는 열방에서 깊은 제자를 양육하는 일에도 열정을 갖는다. 깊은 제자훈련에 매진하는 교회는 미전도 종족을 대상으로 하는 선교와 교회 개척에도 매진한다. 우리는 훈련되고 성숙하고 경건한 성도들을 모든 민족에게 파송해 그들로 복음 운동을 시작하도록 해야 한다. 지역 교회의 주요 임무 중 하나는 전 세계에 더 건강한 지역 교회를 세우는 것이다. 그러나 우리가 건강하고 번성하는 제자들을 교회 안에서 양육하기 전에는 미전도 종족들 가운데 건강하고 번성하는 교회를 세울 수 없다.

그동안 우리는 선교사들과 교회 개척자들을 현장에 파송하는 것에 대해 두 가지 교훈을 얻었다. 첫 번째 교훈은 선교사들이 현장에 나가기 전에 깊고 온전한 선교사가 되어 있지 않다면 현장에서도 깊고 온전한 제자가 되기를 기대할 수 없다는 것이다. 우리는 선교사들이 지역 교회에서 하지 않는 일을 현장에서 행하기를 기대할 수 없다. 지역 교회는 선교사들을 현장으로 보내면서 그들이 현장에서 강건한 그리스도인이 되기를 기대한다. 그러나 이런 기대로 그들을 보내는 것은 교회 개척 및 잃은 영혼을 되찾을 기회를 위태롭게 만든다. 선교사들과 교회 개척자들은 이 세상에서 가장 감정적으로, 관계적으로, 육체적으로, 그리고 영적으로 혼란스러운 환경에 들어가는 것이다. 따라서 그들이 파송되기 전에 성경과 기독교 교리와 영적 습관에서 철저하게 훈련되어 있지 않다면, 그들은 방향을 알려주는 어떤 계기판도 없이 길을 잃을 것이다.

우리가 배운 두 번째 교훈은 미전도 종족들에게 선교사를 파송하는 데 있어 지역 교회의 역할이 중요하다는 것이다. 가장 자격 있고 효과적인 선교사와 교회 개척자는 지역 교회에서 훈련된다. 나는 전 세계적으로 선교사를 파송하는 모든 선교기관에 감사하지만, 파견기관들이 지역 교회와 긴밀히 협력할 때 선교가 가장 효과적이라는 말을 하고 싶다. 지역 교회는 너무도 자주 선교기관이 선교사를 훈련하고 파송하는 데 훨씬 더 잘 준비가 되어 있다고 믿으면서 선교사를 파송하는 교회의 책임을 선교기관에 넘긴다. 선교단체는 언어 기술과 문화 적응과 같은 전문 교육을 제공할 수 있지만 대사명을 수행하기 위해 제자를 파견하는 일에서는 지역 교회를 대신할 수 없다. 지역 교회가 교회 안에 학습 환경을 만드는 일에 힘쓸 때 우리는 또한 가장 성숙하며 그리스도를 닮은 제자들을 땅끝까지 파송할 기회를 얻을 것이다.

훈련과 파송, 양육과 위임은 전혀 둘로 분리된 것이 아니다. 지역 교회의 모든 사람을 훈련하고 지역 교회로 그들을 파송하라. 그것이 깊고 온전한 제자훈련이다. 교회에 있는 모든 사람을 훈련해 그들 모두를 위임하라. 전인적인 양육은 선교에 방해가 되지 않으며, 선교는 전인적인 양육을 제약하지 않는다. 그보다는 깊은 제자훈련과 선교, 훈련과 파송이 서로를 도우며 보완한다. 깊은 제자훈련은 선교를 위한 자원이며 활력소다.

대사명은 우리 교회, 우리 가정, 우리 이웃, 우리 직장, 그리고 궁극적으로 모든 민족들 가운데 성취될 것이며, 무엇보다도 그 사명은 하나님의 영광을 위해 헌신된 깊은 제자들에 의해 성취될 것이다.

범위: 성경, 교리, 영적 습관

- 핵심 학습
- 성경 공부 — 모든 사람을 위한 제자훈련
- 제자훈련 프로그램 — 제자 삼는 제자들을 위한 제자훈련
- 전문가 과정 — 지도자들을 위한 제자훈련

핵심 정리

1. 깊은 제자훈련 문화는 소수가 아니라 모두를 파송하는 계획을 갖는다. 깊은 제자훈련을 시행하는 교회는 선교적 교회이기도 하다. 훈련하는 교회는 또한 파송하는 교회다. 성숙한 기독교는 선교를 방해하지 않는다. 도리어 선교의 열정을 불러일으킨다. 대사명은 위대한 계명을 지키는 그리스도인들에 의해 성취될 것이다.

2. 깊은 제자훈련을 추구하는 교회의 핵심 요소는 제자들이 하나님의 사명에 참여하도록 계획적으로 위임하는 것이다. 깊은 제자를 양육하는 것만으로는 충분하지 않다. 우리는 깊은 제자를 파송하는 것에 대해서도 동일하게 계획할 수 있어야 한다.

3. 깊은 제자훈련 문화를 추구하는 교회들은 계획적으로 제자들을 교회, 가정, 이웃, 직장, 그리고 모든 민족에게 파송한다.

토론을 위한 질문

1. 당신은 지역 교회에서 제자훈련과 선교는 서로 경쟁 대상이라고 말하는 것을 들어본 적 있는가? 그런 생각은 왜 잘못되며 비성경적인가?

2. 당신은 위임하는 문화가 있는 지역 교회에 속해본 적이 있는가? 그렇다면 그 지역 교회의 문화가 어떠했는지 묘사하라. 그런 적이 없다면 당신의 교회가 이 문화를 발전시킬 경우 어떠할지 논하라.

3. 제자들이 성장함에 따라 섬길 수 있도록 위임받는 것이 왜 바람직할 뿐 아니라 필수적인지 말하라. 다시 말해서, 채워지면서 동시에 쏟아내는 것이 왜 반드시 필요한가?

적용하기

1. '모든' 교인을 사역에 파송하는 계획이 없는 소위 '제자훈련' 문화에 내재된 위험을 함께 논의하라.

2. 당신의 교회는 현재 위임하는 문화를 가지고 있는가? 만약 그렇다면, 그 문화는 실제적으로 어떻게 시행되고 있는가? 그렇지 않다면, 당신은 어떻게 이 문화를 채택하겠는가?

3. 당신의 사역 범위와 단계를 살펴보라. 당신의 제자훈련 환경에서 제자들을 교회와 가정, 이웃, 직장, 모든 민족에게 파송할 때 그 모습이 어떠할지 토론하라.

전략: 제자훈련을 어떻게 실제로 구현할 것인가?

벌써 이 책을 마무리하는 마지막 장이다. 우리는 몇 가지 중요한 질문을 던지며 지역 교회에서 만들어야 할 깊은 제자훈련 문화를 생각해 보았다.

첫째, 우리는 환경의 문제를 검토했다. 즉, 제자들은 어디에서 양육을 받는가? 모든 교회는 제자훈련을 위해 어떤 환경을 갖출지 계획적으로 생각할 필요가 있다. 구체적으로 나는 지역 교회에서 제자를 양성하는 핵심 요소 중 하나는 학습 환경을 되살리는 것이라고 주장했다. 나는 교회가 학습 환경을 되찾는 것이 중요할 뿐만 아니라, 학습을 가장 큰 목표로 둔 공동체로 제자들을 초대하려면 혁신적이고 능동적인 학습 환경이 만들어져야 한다고 주장했다.

둘째, 우리는 범위의 문제를 다뤘다. 즉, 제자들에게는 무엇이 필요한가? 너무 많은 교회가 제자훈련의 학습 성과와 요소에 관한 본질적인 질문에 답하지 않았다. 이에 나는 지역 교회가 제자들에게 바라는 핵심 학습의 성과와 역량을 신중하게 생각해야 한다고 주장했다. 가장 기본적으로 나는 지역 교회가 제자들에게 성경과 기독교의 기본 교리, 그리고 영적 습관을 훈련해야 한다고 주장했다.

셋째, 우리는 단계의 문제를 고려했다. 제자들은 어떻게 성장하는가? 나는 지역 교회가 제자들에게 성장을 도전하도록 특별히 고안된 일련의 제자훈련 단계를 계획적으로 만들어야 한다고 주장했다. 지역 교회의 많은 환경이 정체되어 있더라도 만일 다음 단계와 성장을 고려한 환경을 조성하고 권한다면 우리는 제자들이 시간이 지남에 따라 성숙해 가는 것을 보게 될 것이다.

넷째, 우리는 파송의 문제를 살펴보았다. 제자들을 어디로 보내야 하는가? 나는 훈련하는 교회는 곧 파송하는 교회라고 주장했다. 제자 양육에 열정이 있는 교회는 선교에 열정이 있는 교회다. 깊게 성장하는 교회는 또한 넓게 성장한다. 여기서 중요한 요소는 우리가 항상 제자들에게 '무엇을 배우고 있으며 배운 것을 누구에게 가르치고 있는지'를 묻는 것이다. 모든 제자는 또 다른 제자를 양육하도록 지역 교회, 가정과 이웃, 직장, 궁극적으로는 모든 민족을 향해 위임을 받고 파송되어야 한다. 온전한 제자들을 훈련하는 데 집중하는 교회는 모든 사람을 훈련해 파송한다.

이제 마지막 질문을 할 때다. 나는 우리가 "우리 교회가 이것을 할 수 있는가?"라고 묻는 대신에 "왜 우리 교회는 이것을 하지 않을까?"라는 더 나은 질문을 하기 바란다.

지금까지 우리는 교회의 사역 환경을 몇 가지 중요한 질문을 통해 생각해 보았다. 그러나 교회가 이 비전을 실행할 수 있는 열망과 능력이 없다면 우리가 나눈 질문들은 아무런 의미가 없다. 나는 지금까지 우리가 다룬 깊은 제자훈련의 비전은 어떤 교회 규모에도 가능하고, 어떤 교회에서도 지속할 수 있으며, 어떤 교회를 위해서도 전략을 세울 수 있다고 주장하고 싶다.

내가 교회 지도자들에게 깊은 제자훈련에 관해 이야기할 때 가장 자주 받는 질문 중 몇 가지는 실행 가능성과 관련이 있었다. 우리 교회는 이것을 할 수 있는가? 나는 깊은 제자훈련에 부담을 느끼는 사람들이 있는 것을 알기에 이런 질문을 이해한다. 깊은 제자훈련 사역은 대단히 도전적이다. 항상 해결해야 할 급한 문제들, 늘 준비해야 할 또 다른 메시지, 항상 참석해야 할 또 다른 회의가 있는 것처럼 느껴질 수 있다. 지금까지 다룬 모든 제자훈련이 막대한 자원과 큰 회중이 있고 거대한 사역자 팀이 있는 교회에서만 실행될 수 있다고 생각하기 쉽다. 그래서 나는 스스로 이 질문을 던진 적이 있다. "이 제자훈련은 대형교회에만 맞는 것인가, 아니면 모든 종류의 교회에서 실행될 수 있는가?" 우리는 전임 사역자들이 많고 건물이 크며 회중이 많은 교회만이 제자훈련의 환경과 범위, 단계, 계획적인 파송을 적절하게 전개할 수 있다고 믿기 쉽다. 이러한 제자훈련의 비전을 1천 명이 안 되는 교회에서 구현할 수 있을까? 500명 미만의 교회는 어떨까? 100명 미만의 교회는? 이 제자훈련은 수십 명의 간사가 필요한가, 아니면 네댓 명의 간사로도 가능한

가? 이중직 목회자가 이 책에 나온 사역 철학을 구현할 수 있을까? 이 모든 질문에 나는 단호하게 '그렇다'라고 대답하고 싶다!

깊은 제자훈련은 거대한 자원, 큰 회중, 또는 수많은 간사를 필요로 하지 않는다. 사실 깊은 제자훈련의 가장 큰 매력 중 하나는 어떤 교회 상황에서도 가능하다는 것이다. 너무 많은 사역 철학들이 특정 종류의 사역 환경이나 특정 유형의 교회에만 적용되고 있다. 그러나 깊은 제자훈련은 그렇지 않다. 총체적인 깊은 제자훈련은 궁극적으로 저마다 교회 수준에 맞게 다음 질문을 각각 묻고 대답을 기다릴 것이다.

환경: 제자훈련을 위해 무엇을 갖춰야 하는가?
범위: 제자에게 필요한 훈련은 무엇인가?
단계: 제자들을 어떻게 성장시킬 것인가?
파송: 제자들을 어디로 보내야 하는가?

이러한 필수적인 질문들은 사역 환경이 어떠하든 모든 사역에 적용되며 우리는 그 질문들을 각 상황에 맞게 답변할 수 있다.

예수님의 사역은 어떠했는가?

나는 그리스도의 지상 사역에서도 유연성을 볼 수 있다고 생각한다. 다시 말해서, 예수님은 의도적으로 자신의 상황에 맞게 사역하셨다. 우리는 예수님의 사역에서 제자훈련을 위한 계획적인 환경, 목적이 있는 범위, 명확한 훈련 단계, 그리고 계획적인 제자 파송을 볼 수 있다.

예수님은 제자를 훈련하기 위해 다양한 환경을 사용하셨다. 성경은 예수님이 회당, 산기슭, 가정에서, 그리고 개인에게 가르치시는 모습을 묘사한다. 예수님은 자신을 따르는 남녀를 가르치고 제자로 양육하기 위해 의도적으로 다양한 환경을 사용하셨다.

예수님은 또한 그분의 사역에서 특정한 제자훈련 범위를 정하셨다. 복음서는 예수님의 가르침의 내용이 주로 하나님 나라인 것을 보여준다. 예수님은 결코 하나님 나라의 메시지에서 벗어나지 않으셨다. 예수님은 하나님 나라에 대해 여러 다른 각도에서 접근하셨다. 예수님은 청중에게 친숙한 비유와 이야기와 이미지를 사용하셨지만 그분이 가르치신 내용의 범위는 변하지 않았다.

나는 예수님도 제자들을 성장시키기 위한 일종의 제자훈련 단계를 가지셨다고 믿는다. 복음서는 예수님이 군중, 많은 추종자들, 열두 명의 제자들, 그리고 세 명의 제자들에게 사역하시는 것을 묘사한다. 예수님은 군중을 섬기느라 소수를 무시하신 적이 없으며 소수를 섬기느라 군중을 무시하신 적도 없다. 하지만 예수님은 가장 가까운 제자들을 대하는 방식으로 군중을 대하지 않으셨다. 주님이 할애하신 시간과 전하신 내용은 다양한 그룹에 따라 각각 달랐다.

예를 들어, 우리는 마태복음 4장 23-25절에서 예수님이 큰 군중에게 사역하시는 것을 본다.

> "예수께서 온 갈릴리에 두루 다니사 그들의 회당에서 가르치시며 천국 복음을 전파하시며 백성 중의 모든 병과 모든 약한 것을 고치시니 그의 소문이 온 수리아에 퍼진지라 사람들이 모든 앓는 자 곧 각종 병에 걸려서 고통 당하는 자, 귀신 들린 자, 간질하는 자, 중풍병자들을 데려오니 그들을 고치시더라 갈릴리와 데가볼리와 예루살렘과 유대와 요단 강 건너편에서 수많은 무리가 따르니라"(마 4:23-25).

이 사건 직후 예수님은 산 위에서 큰 군중을 가르치셨다. "예수께서 무리를 보시고 산에 올라가 앉으시니 제자들이 나아온지라"(마 5:1). 예수님은 그분께 나아온 큰 무리에게 설교하며 가르치셨다. 더 커지는 이 무리 속에는 예수님의 가장 가까운 추종자들(마 4:18-22)과 그분의 가르침을 대충 흘러듣던 일반 청중들(마 7:28-29)이 포함되어 있었다.

그러나 예수님은 큰 군중을 섬기는 것에서 그치지 않으셨다. 예수님은 자주 군중을 위해 사역하셨지만(마 9:36, 13:2), 때때로 의도적으로 그리고 계획적으로 큰 군중에게서 물러나 작은 무리의 제자들을 훈련하셨다(마 8:18; 13:36). 예수님은 종종 가장 가까운 제자들만이 접근할 수 있는 사역 환경을 정하셨는데, 그때는 더 깊은 가르침을 전하셨다. 예수님은 메시지의 범위를 바꾸지는 않으셨다. 즉, 하나님 나라에 대해 계속 가르치셨다. 그러나 더 깊게 그 메시지를 설명해 주셨다. 예수님은 군중과 계실 때에도 의도적으로 가장 가까운 제자들에게 더 많이 접근하고 더 많이 가르치고 심지어 자신을 더 많이 주는 방법을 찾아내셨다. 예를 들어, 마태복음 8장 18절에서 예수님은 큰 무리로부터 벗어나 의도적으로 가까운 제자들에게 다가가신다. 마태는 이렇게 말한다. "예수께서 무리가 자기를 에워싸는 것을 보시고 건너편으로 가기를 명하시니라"(마 8:18). 예수님은 제자들에게 데가볼리라고 알려진 이방인의 지역에서 사역하기 위해 그곳으로 가라고 명령하셨다.[1] "예수께서 그의 열두 제자를 부르사 더러운 귀신을 쫓아내며 모든 병과 모든 약한 것을 고치는 권능을 주시니라"(마 10:1). 마태복음 10장의 나머지 부분에는 제자들에게만 전하는, 큰 군중이 아직 들어보지 못한 구체적인 가르침(범위)과 계획적인 위임과 파송에 관한 내용이 포함되어 있다.

예수님의 유연한 사역의 핵심은 제자들을 가르치기 위해 의도적으로 다양한 제자훈련 환경을 활용하셨다는 점이다. 예수님은 또한 자신의 제자들에게 하나님 나라를 가르치기 위해 계획적인 사역 범위를 가지고 계셨다. 예수님은 제자들을 성장시키고 준비시키기 위해 성령님을 보내시면서 자신의 부활과 승천 이후에도 지속될 수 있는 계획적인 제자훈련 단계를 개발하셨다.

마지막으로, 예수님은 제자들을 훈련하는 것에서 멈추지 않으시고 제자들을 모두 파송해 더 많은 제자를 만들게 하셨다. 예수님의 메시지(범위)는 변하지 않았다. 예수님은 하나님 나라를 선포하기 위해 오셨다

---

1 R. T. France, *The Gospel of Matthew*, New International Commentary on the New Testament (Grand Rapids, MI: Eerdmans, 2007), 325; R. T. 프랜스, 『NICNT 마태복음』, 권대영, 황의무 역, 부흥과개혁사.

(눅 4:43). 그러나 그분은 의도적으로 가장 가까운 제자들에게 더 깊은 가르침을 전하셨고, 결국 그들을 파송해 하나님 나라의 메시지를 선포하게 하셨다(마 10:7). 또한 예수님은 계획적으로 제자훈련의 단계를 세우셨다. 어떤 제자들은 오후에 예수님과 함께 있었고, 어떤 제자들은 몇 주 동안 예수님과 함께 있었다. 또 어떤 제자들은 몇 년 동안 그분과 함께 있었다. 예수님은 계획적으로 모든 제자에게 자신의 시간과 가르침을 나누어주셨다. 하지만 그들에게 똑같이 나누어주지는 않으셨다. 마찬가지로, 동일한 방식으로 모든 제자를 파송하지도 않으셨다. 훈련의 정도에 따라 제자들에게 사명을 위임하고 파송하셨다.

우리 교회도 깊은 제자훈련이 가능할까?

나는 사역의 분주함이 어떻게 사역 자체를 마비시킬 수 있는지 잘 안다. 나는 또한 지속적으로 변화하는 사역 철학이 얼마나 패배감을 느끼게 하는지도 잘 안다. 하지만 나는 우리가 계획적으로 시간을 할애한다면 깊은 제자훈련을 위한 전략은 사실상 어떤 지역 교회에서든(큰 교회든, 개척한지 얼마 안 된 교회든, 또는 이중직 목사로서 훨씬 더 작은 목회 환경에서 섬기든) 그 안에서 시행될 수 있다고 믿는다.

내 신학교 친구 중 한 명은 작은 침례교회에서 섬긴다. 그의 사역 환경은 교회의 규모, 사역 예산, 심지어 문화적 배경까지 나와 거의 비슷하다. 지난 몇 년 동안 우리는 그가 섬기는 교회에 이러한 사역 철학의 일부를 구현하는 것이 어떤 모습일지 여러 차례 논의했다. 이런 사역 철학이 그의 사역 환경에서 가능할지를 고민했다. 그 교회는 전문 사역자가 몇 안 되고 교인이 백 명 남짓이다. 그런데 이 사역 철학을 구현하기 시작한 지 3년이 지난 지금, 그 교회는 왕성하고 지속 가능한 제자훈련 사역을 하고 있다.

그들이 가장 먼저 한 일은 어떤 제자훈련 환경이 그들에게 도움이 될지 결정하는 것이었다. 그들은 기초 수업, 심화 연구, 1년 과정의 제자훈련 프로그램, 전문가 과정 등 네 가지 제자훈련 환경을 마련했다. 그리고 제자훈련의 범위를 성경, 영적 성장, 세계관/변증학으로 결정하고 교회를 훈련하기로 했다. 그다음은 깊이와 성장을 독려하기 위해 이 환경들을 어떤 단계로 배열할지 연구했다. 마침내 그들은 훈련받는 제자들을 어디로 파송할지 계획했다. 지난 3년 동안 그들은 여러 수업을 시행했는데, 그 대부분을 자격을 갖춘 평신도들이 가르친다. 30~40명으로 구성된 남성 및 여성 성경공부는 전문 사역자들이 가르치지만, 그 안의 소그룹 모임은 평신도 리더들이 인도한다. 그들은 매년 8~10명이 참여하는 1년 과정 제자훈련 프로그램을 시작했고, 현재까지 20명 이상의 졸업생을 배출했다. 그들은 또한 1년 과정 제자훈련 프로그램에서 뛰어난 모습을 보인 2~3명을 선택해 1년간 일대일 양육을 받는 전문가 과정을 시작했다.

내가 아는 또 다른 목사는 내게 이메일을 보내 이러한 사역 철학이 보스턴 외곽의 작은 교회에서 실행될 수 있는지 물었다. 몇 달 동안 우리는 이메일을 주고받았고, 몇 번의 전화 통화를 했다. 나는 그에게 우리가 이 책에서 묻고 있는 질문을 해 보라고 권했다. 몇 년 후, 그들의 제자훈련 사역은 번창했고, 그들은 제자들을 양성하고 훈련하는 분명한 방법을 터득했다. 그들은 모든 교인들로 자신이 더 많은 제자를 만드는 데 부르심 받았음을 인식하게 하는 선교적 사고방식을 발전시켰다.

내가 목회를 하며 배운 것이 있다면, 이 사역 철학은 유연하다는 것이다. 당신의 교회는 (규모, 예산, 시설에 상관없이) 이 사역을 할 수 있다.

어떻게 실행할 수 있을까?

우리가 물어야 할 마지막 질문은 전략에 관한 것이다. 우리 교회는 깊은 제자훈련을 어떻게 실행할 수 있을까? 물론, 교회의 환경은 모두 조금씩 다르기 때문에 내가 어떤 처방을 내리기보다 각 교회가 스스로 질문하고 답해 보기를 권한다. 그렇지만 모든 교회가 하나님의 은혜로 깊은 제자훈련 문화를 창조하는 사역 철학을 구현하는 데 도움이 될 만한 몇 가지 전략 원칙을 공유하며 결론을 내리고 싶다. 다음은 사역 철학을 구현할 때 내가 권장하고 싶은 전략 원칙으로서 구조, 예측 가능성, 책임감, 접근성, 공동체, 탁월함이다.[2]

---

2 이것은 젠 윌킨과 내가 함께 작업한 전략이다. 내가 이 일을 생각할 수 있도록 도와준 그녀에게 깊은 감사를 표한다. 추가적으로 하고 싶은 말은, 이것이 빌리지 교회에서 모든 제자훈련 사역에 채택한 전략적인 틀이라는 사실이다.

구조

첫 번째 전략은 사역에 대한 체계적인 접근 방식을 개발하는 것이다. 지난 몇 년간 사역 철학의 추세는 유기적이거나 덜 구조화된 접근 방식을 개발하는 것이었다. 우리는 일반적으로 "지역 교회에서 사람들이 건강한 관계를 발전시키도록 어떻게 도울 것인가?"라고 물었다. 이는 중요한 질문으로, 사역에 대한 구조화되지 않은 유기적인 접근 방식의 가장 높은 가치는 관계라는 사실을 보여준다. 우리는 사람들의 시간을 확보하기 위해 일정과 약속을 확보하려고 노력한다. 유기적인 사역은 사람들과의 관계와 신자들의 제사장 직분을 소중히 여기는 마음에서 나온다.

그러나 사역에 대한 유기적이거나 덜 구조화된 접근 방식은 구조가 본질적으로 사람들의 관계를 깊게 발전시키는 데 도움이 되지 않는다는 가정에서 비롯된다. 나는 이런 가정에 도전하고 싶다. 나는 이런 접근법이 몇 가지 이점을 가진다는 것을 알지만, 그것은 또한 우리의 생각보다 더 큰 대가를 치러왔다. 사역에 대한 구조화되지 않은 접근 방식은 신뢰하기 어려운 면이 있으며 정기적으로 변경되기도 한다. 그래서 참가자들은 자신이 무엇에 마음을 두고 심혈을 기울이고 있는지 헷갈리게 된다. 이것은 실제로 시간이 지남에 따라 관계에 해를 끼칠 수 있다. 반면에 구조화된 접근 방식은 일관되고 신뢰할 수 있으며 일종의 관계를 맺어주기 시작한다. 구조화된 사역 배경에서 사람들이 다른 성도들과 연결될 때, 그 관계는 구조화된 사역 배경 없이는 절대로 생겨나지 않았을 관계다. 그 관계는 앞으로 수년 동안 성장하고 발전할 유기적인 관계로 이어진다.

우리는 "지역 교회에서 사람들이 건강한 관계를 발전시키도록 어떻게 도울 것인가?"라는 질문보다 "교회에서 건강한 관계를 발전시키기 위해 사람들을 위한 구조화된 환경과 헌신의 방향을 어떻게 만들 것인가?"라는 질문을 해야 한다. 사역에 대한 구조화된 접근은 경직되지 않으며 신뢰할 수 있다. 신뢰성은 또한 사람들이 관계를 구축하는 데 도움이 되는 핵심 요소다. 사역에 대한 보다 유기적인 접근 방식이 가질 수 있는 문제점은 구조가 약하기에 세월이 지날수록 사람들의 헌신이 약해진다. 우리의 교인들은 확실하며, 신뢰할 수 있고, 구조화된 것에 헌신하는 데 익숙하다.

예를 들어, 30일 다이어트를 시작하거나 피트니스 클럽에 가입하거나 대학에서 수업을 받기 시작할 때 우리는 자신이 무엇에 시간과 마음을 들이고 있는지 정확히 안다. 종종 우리는 사역을 할 때 사람들에게 무엇에 헌신해야 하는지를 명확하게 알려 주지 않기 때문에 그들이 헌신하지 않는 경우들이 있다. 만약 사람들이 헌신하게 하는 데 어려움을 겪고 있다면 아마도 그 이유는 그들에게 무엇에 헌신해야 하는지를 명확하게 말하지 않았기 때문일 것이다. 우리는 너무 바빠 보이는 사람에게 제자훈련에 전념하라고 부탁하기를 꺼린다. 우리는 "당신이 얼마나 바쁜지 알고 있어요. 이런 부탁을 해서 정말 미안하지만, 4주간의 에베소서 성경공부를 위한 시간을 낼 수 있나요?"라는 식으로 말을 한다.

그러나 그래서는 안 된다. 우리가 사람들에게 헌신을 요구하며 그들에게 미안한 마음을 가진다면 우리는 결코 깊은 제자를 양성하지 못할 것이다. 이런 태도는 그들이 제자훈련보다 다른 것을 더 중요하게 여기도록 만든다.

사람들은 헌신하는 것을 두려워하지 않는다. 그들이 두려워하는 것은 신뢰할 수 없는 대상에 헌신하는 것이다. 사역에 대한 우리의 접근 방식은 체계적이고 신뢰할 수 있어야 한다. 사람들은 그들이 무엇에 헌신하는지 알고 싶어 한다. 우리는 제자훈련 환경을 구축할 때 그들의 헌신을 소중히 여겨야 한다. 가장 훌륭하고 깊은 영적 훈련은 교회가 무엇에 헌신하는지 계획을 분명히 전하고 교인들이 그 계획을 헌신적으로 따를 때 가능하다. 사역에 대한 구조화된 접근 방식은 사람들에게 우리가 제자훈련에 분명하게 헌신하고 있음을 알려주기 때문에 그들과의 유기적인 관계도 발전하게 된다. 그러나 우리가 유기적인 관계를 목표로 삼는다면, 우리는 결코 사람들을 제자훈련 환경에 헌신하게 하지 못할 것이다.

예측 가능성

다음은 사역의 예측 가능성을 개발하는 것이다. 구조와 마찬가지로 사람들은 예측 가능한 삶의 리듬에 익숙하다. 그런데 교회는 그렇지 않다. 그러므로 교회는 교인들의 삶의 리듬에 따라 제자훈련의 리듬을 만들어야 한다. 그리고 그 패턴을 오랫동안 고수해야 한다. 때때로 사람들은 예측 가능한 사역 주기가 성령님에 대한 의존을 막는다고 걱정한다. 그들은 예측 가능성이 결국 구시대적인 사역 관행이나 죽은 신앙으로 이어질까 봐 우려한다. 하지만 그 반대 측면, 즉 예측 가능성이 없는 상태도 위험한 것은 마찬가지다. 사역에 대한 예측이 불가능할 때 교회와 기관은 새로운 리듬과 새로운 철학을 적용하며 끊임없이 바뀌게 된다. 우리가 몇 년마다 사역 철학을 바꾼다면 우리가 양성해 세우려는 사람들은 우리를 신뢰하지 못할 것이다.

반면에 예측 가능한 순환, 리듬, 그리고 사역 철학을 개발한다면, 우리는 우리가 양성해 세우는 사람들로부터 신뢰를 얻을 것이다. 사람들의 헌신을 요구하는 다른 일반 기관들도 이 사실을 잘 알고 있다. 학교는 매년 같은 때에 학기가 시작하고 끝난다. 프로 스포츠 경기들은 매년 같은 시기에 시즌이 시작하고 끝난다. 전 세계는 예측 가능한 리듬과 약속에 기반을 두고 있다. 예측 가능성은 참가자와 신뢰를 구축하는 데 필수적이다. 언제 행사를 가질지, 언제 수업을 시작하고 종료할지 계획할 때, 우리는 공동체의 리듬을 고려해야 한다. 또한 사람들이 하고 있는 다른 헌신들과 부딪히지 않는지 알아야 한다. 우리는 이처럼 예측 가능한 리듬으로 교회 사역에 구조화된 접근 방식을 개발해야 한다. 교회의 사역 일정은 참가자들의 삶의 리듬을 존중하고 그것에 맞게 세워져야 한다.

예를 들어 가을과 봄에 11주간의 성경공부를 계획할 경우, 가을 학기는 9월 초에 시작해 추수감사절 전에 끝나야 한다. 봄 학기는 1월 말에 시작해 부활절 전에 끝나야 한다. 그러면 충분한 시간을 가질 수 있다. 예측 가능한 리듬은 우리 문화의 모든 곳에 있으며, 우리의 참가자들은 일상생활에서 그 리듬에 의존한다. 교회가 예측 가능한 리듬을 제공할 때, 우리는 교인들의 헌신 수준이 올라가는 것을 보게 될 것이고, 교인들은 교회를 그들의 영적 성장에 있어서 신뢰할 수 있는 안내자로 보기 시작할 것이다.

예측 가능한 사역은 매년 동일한 패턴을 고수하므로 참가자는 언제 어디에서 훈련이 있을지를 예측하고 계획할 수 있다.

책임감

전략의 다음 부분은 책임 문화를 개발하는 것이다. 우리는 이미 앞장에서 이 문제를 간략하게 논의했지만, 그 중요성은 아무리 강조해도 지나치지 않다. 우리가 교인들을 위해 할 수 있는 최선의 일 중 하나는 기준을 높이는 것이다. 우리는 너무 자주 "어떻게 하면 입학 기준을 낮출 수 있을까?"라는 질문을 하지만 더 좋은 질문은, "어떻게 하면 제자훈련의 기준을 높일 수 있을까?"이다. 제자훈련의 모든 환경은 전문가 과정처럼 제자훈련의 마지막 단계이든, 성경공부처럼 보다 접근하기 쉬운 환경이든 상관없이, 각 참가자에게 기대하는 바를 명확한 기준으로 설정해야 한다. 그리고 그들에게 책임을 물어야 한다.

기준을 낮출 때 더 많은 사람의 참여가 기대되기 때문에 우리는 기준을 낮추고 싶은 충동을 느낄 것이다. 하지만 내 경험에 비추어보면 기대처럼 되지 않는다. 우리는 종종 참여의 가치를 잃을 정도로 기준을 낮춰버린다. 우리는 참여를 막는 장애물을 제거해야겠지만 기대를 낮춰서는 안 된다. 사람들은 위대한 일에 부르심을 받기 원하며, 그 위대한 일을 이루는 최선의 방법은 명확한 기대치를 설정하고 그 기대치를 충족시키도록 책임을 다하게 하는 것이다.

우리가 사람들에게 책임을 묻는 많은 방법들은 능동적인 학습 환경의 모습과 일치한다. 예를 들어, 모든 제자훈련 환경에는 출석 기준이 있어야 한다. 모든 제자훈련 환경에는 독서나 과제 같은 일종의 사전 작업이 있어야 한다. 사전 작업은 참가자들에게 서로 다른 의견을 갖게 하는 면이 있다. 그들은 모르는 것을 질문하며 자료에 담긴 주제 토론에 적극적으로 참여하기 시작한다. 서로 다른 의견은 제자훈련의 보화와도 같다. 우리는 참가자들이 그들의 현 상태와 그들이 바라는 상태 사이의 간격을 느끼도록 해야 한다. 그런 상태에서 그들은 제자훈련 환경으로 온다. 그러면 우리는 수업을 시작하기 전에 그들에게 두 번째 책임을 맡긴다. 즉, 먼저 소그룹으로 대화를 나누게 한다. 학습은 공동체로 이루어지고, 그들은 수업을 시작할 때 자료에 대해 토론하는 순서가 있음을 알고 책임감을 가질 것이다. 세 번째로 그들은 수업 시간에 참여할 책임이 있다. 수업은 그들이 사전 작업에서 느낀 의견 차이를 어느 정도 해소하는 데 도움을 줄 것이다. 마지막으로, 참가자들은 토론한 자료를 가지고 다른 사람들을 가르치게 될 것이라는 기대를 가져야 한다.

사전 작업, 그룹 토론, 그룹 강의, 다른 사람들을 명료하게 가르침! 이것이 실생활에서 학습과 성장이 일어나는 방법이다. 우리는 교회에서 그것을 잊어버렸다. 책임감은 제자훈련 전략에 중요하다. 제자훈련을 받을 때 책임감은 참가자들에게 제자훈련 환경을 위해 미리 준비하고, 참석하고, 헌신할 것을 요구한다. 우리는 그들이 단순히 와서 배우기만 하는 것이 아니라, 그들이 적극적인 학습 환경에 기여할 책임을 갖게 해야 한다.

접근성

전략의 다음 부분은 접근성이다. 우리는 접근성과 관련해 두 가지를 이야기하려 한다. 하나는 접근 가능한 방식으로 가르치는 것이고, 다른 하나는 장애물을 제거해 사람들이 학습 환경에 접근할 수 있도록 하는 것이다.

첫째, 우리는 제자훈련 환경과 단계에 따라 접근 가능한 방식으로 가르치고 있는지 확인해야 한다. 가르침과 참여는 학습 환경의 적절한 수준에서 이루어진다. 전문가 과정 또는 멘토링 프로그램에서는 이전 단계에서 수업할 때보다 더 높은 접근성 수준에서 가르쳐야 하며 그 반대의 경우도 마찬가지다. 간단히 말해, 제자훈련 사역은 자원과 용어, 사전 작업, 가르침 등에 있어서 참가자들의 수준에 맞추어져야 하지만, 다음 단계를 준비시키는 차원에서 이루어져야 한다. 너무 높은 수준에서 가르치면 참가자가 위협을 느낄 수도 있다. 만약 너무 낮은 수준에서 가르친다면, 우리는 참가자들을 지루하게 만들 위험이 있다. 좋은 교사는 참가자들이 어디에 있는지 알고 그 수준에서 그들을 만나지만 그들이 거기에 머물도록 내버려두지 않는다.

참가자들은 대부분 성경적, 신학적, 영적 성장이 오직 엘리트들만을 위한 것이라고 생각한다. 접근 가능한 학습 환경과 제자훈련 환경을 만드는 것은 신학이 모두를 위한 것이라는 사실을 보여준다. 성경은 각 사람이 개인적으로 읽도록 되어 있다. 영적 성장은 예수님의 모든 제자를 위한 것이다. 목회자와 교회가 접근 가능한 학습 환경을 만드는 방법 중 하나는 신학 해설가가 되는 것이다. 예를 들어, 우리가 성육신에 대해 가르치고 싶더라도 교인들은 성 아타나시우스(St. Athanasius)의 『말씀의 성육신에 관하여』(On the Incarnation)를 읽는 것에 겁을 먹을 수 있다. 하지만 그들이 책을 읽은 다음, 우리가 그들을 만나 그 작품이 그들의 일상에 어떻게 연결되는지 설명해주면 그들은 실제로 자신들이 신학에 접근할 수 있다는 사실을 알게 될 것이다.

둘째, 우리는 교인들이 제자훈련 환경에 참여하는 것을 막는 걸림돌을 제거하기 위해 그들과 협력 관계를 맺을 방법을 깊이 생각해야 한다. 이 부분은 교회를 위해 많은 성장과 발전이 필요한 부분이다. 예를 들어, 우리는 본의 아니게 제자훈련의 짐을 각 개인에게 떠넘겼다. 우리는 마땅히 소비주의 문화를 조성하고 싶지 않아서 그런 문화를 거부했지만, 추를 지나치게 멀리 흔들었고 이에 실제로 사람들이 제자훈련에 참여하는 것을 어렵게 만들었다. 그러나 함께 걸림돌을 제거함으로써 많은 사람이 제자훈련에 참여할 수 있다. 예를 들어, 우리 교회는 아이를 혼자 키우는 엄마가 우리의 다양한 제자훈련 환경에 참여할 때 겪게 되는 장애물이 무엇이 있는지 구체적으로 생각했다. 이런 관점에서 고민을 하자, 육아 돌봄을 제공하는 방법을 찾아냈고 이들이 제자훈련에 접근하기가 보다 쉬워졌다.

접근성은 또한 우리가 교인들에게 제자훈련할 기회를 언제 제공할지 계획적으로 생각하는 것을 의미한다. 낮에 여성 성경공부를 제공한다면, 많은 전업주부들이 참여할 것이고 이는 정말 대단한 일이 될 것이다. 하지만 대신에 많은 직장 여성들을 잃을 것이다. 그렇다면 아마도 밤에 추가적인 성경공부를 해야 할 것이다. 직장 때문에 주중에 장거리 출퇴근하는 남성들로 모임을 갖고 싶은가? 그렇다면 주말에 남성 성경공부를 하는 것을 생각해 보아야 한다. 아무튼 우리의 모든 환경은 조금씩 다르겠지만, 깊은 제자훈련을 지향하는 교회들은 가능한 한 많은 참가자들이 우리의 제자훈련 환경에 접근할 수 있도록 명확하고 신중하게 생각하려고 열심히 노력하고 있다.

공동체

전략의 다음 부분은 모든 것이 공동체를 중심으로 구축되도록 하는 것이다. 홀로 서는 제자란 존재하지 않는다. 그러므로 교회의 제자훈련 환경은 공동체를 중심으로 마련되어야 한다. 구조와 예측 가능성을 중심으로 사역 철학을 세웠다면 자연스럽게 교제가 생겨날 것이다. 나는 제자훈련 과정에서 교제가 얼마나 중요한지 보여주려고 노력해 왔다. 교제는 제자훈련이 아니지만 교제 없이는 제자훈련이 불가능하다. 우리는 참가자들이 서로 깊은 관계를 형성하도록 도울 방법을 찾아야 한다. 그들의 주된 관계는 우리가 아니라 다른 참가자들 및 다른 그룹에서 훈련을 하는 참가자들과 함께하는 것이어야 한다.

학습 환경에서 깊은 교제를 육성하는 한 가지 방법은 사람들이 줄지어 앉지 않고 원 모양으로 앉는 것이다. 우리 교회는 모든 학습 환경에서 사람들이 토론하고, 서로 배우고, 서로에게 질문을 할 수 있는 원형 테이블을 갖추도록 노력했다. 그것은 내가 본 가장 아름다운 기독교 공동체의 모습 중 하나였다. 사람들이 개인의 제자훈련뿐만 아니라 한 몸인 교회 전체를 세우는 데 책임이 있음을 깨닫기 시작할 때 제자훈련은 아름다워진다.

탁월함

전략의 마지막 부분은 지속해서 탁월함을 추구하는 것이다. 그 어떤 기관들보다 교회는 우리가 하겠다고 말한 것을 행하는 곳이어야 한다. 우리가 할 수 있는 최악의 일 중 하나는 사람들에게 높은 수준의 탁월함에 이르기를 요구하면서 정작 우리 자신은 그 수준에 이르지 못하는 것이다.

하나님의 영광을 위해 열심히 일하고 최선을 다하는 것이 중요하다. 나는 때때로 탁월함을 은혜와 반대되는 것으로 여기며 사역에서 탁월함을 요구하기를 겁내는 사람들을 본다. 목회자와 교회가 탁월함이 은혜와 반대되는 것이 아님을 인식하는 일이 중요하다. 은혜는 우리가 탁월함을 향해 나아가는 원동력이 된다. 우리의 제자훈련 사역은 탁월함을 향해 노력해야 하는데, 그 주된 이유는 우리가 하나님의 탁월하심을 반영하기 위해 노력하기 때문이다.

우리가 이 전략을 잘 따를 때 깊은 제자훈련이 지역 교회에서 번창할 것이다.

1. 구조: 참가자들의 헌신을 존중하는 구조화된 제자훈련 환경을 제공하라.
2. 예측 가능성: 예측 가능한 흐름으로 운영하고 제자훈련 과정을 너무 자주 변경하지 말라.
3. 책임감: 참가자들로 하여금 제자훈련 환경과 일치하는 분야에서 책임을 맡게 하라.
4. 접근성: 접근 가능한 콘텐츠를 통해, 그리고 사람들의 참여를 막는 장애물을 제거함으로써 참가자들이 제자훈련 환경에 접근할 수 있도록 하라.
5. 공동체: 모든 학습과 제자훈련을 공동체 중심으로 진행하라.
6. 탁월함: 그리스도의 영광을 위해 지역 교회에서 탁월함을 추구하라.

지역 교회에서의 깊은 제자훈련

그렇다면 예수님의 온전한 제자를 만드는 깊은 제자훈련 문화 속에서 그 목적을 찾는 교회는 어떤 모습일까? 그리고 그 승리는 어떤 모습일까? 그것은 하나님이 그리스도의 온전한 제자들을 만드는 주된 장소로 지역 교회를 정하셨다는 사실을 다시금 기억하면서 교회가 나타내는 모습일 것이다. 지역 교회는 학습 환경과 제자훈련이 꼭 필요하다는 것을 확인하고 그것을 되찾을 것이다. 제자훈련의 범위가 무엇인지, 제자에게 필요한 것이 무엇인지 알게 될 것이다. 우리는 제자들을 유지하는 방법이 아니라 성장시키는 방법을 알게 될 것이다. 그리고 지역 교회는 우리가 파송하는 모든 사람을 훈련시킬 것이고 우리가 훈련하는 모든 사람을 파송할 것이다.

깊은 제자훈련은 사람들이 삼위일체 하나님 안에서 더 크고 깊은 즐거움을 찾도록 돕는 것이다. 이 책을 마무리하면서 내가 갖는 가장 큰 기대는 우리의 사역, 교회, 설교, 커리큘럼, 소그룹 모임 등(우리가 사역에 헌신하는 분야들)이 사람들로 하여금 하나님께 나아와 헤아릴 수 없는 무한한 완벽함의 깊이로 계시는 하나님을 알아가도록 돕는 것이다. 나는 지역 교회가 사람들에게 하나님 안에 있는 모든 것을 알려주는 주된 장소가 되기를 바란다. 내가 바라는 것은 우리 교회들이 삼위일체 하나님 안에서만 발견될 수 있는 깊은 탁월함을 숙고하기 시작하고 또한 그러한 숙고를 계속하는 것이다. 하나님의 아름다움과 탁월함의 깊이는 무한하므로 우리는 주님과 함께 깊은 제자훈련을 추구할 수 있다. 우리가 이 세상에서 추구하는 다른 모든 것들은 끝이 있지만, 깊은 제자훈련은 영원한 생명으로 계속 이어질 것이다.

핵심 정리

1. "우리 교회가 이것을 할 수 있는가?"라고 묻는 대신에 "우리 교회는 왜 이것을 하지 않을까?"라는 더 나은 질문을 하라.
2. 깊은 제자훈련은 거대한 자원, 큰 회중, 또는 많은 사역팀이 필요하지 않다.
3. 사람들에게 헌신을 요구하는 것을 미안하게 여긴다면 우리는 결코 깊은 제자를 만들지 못할 것이다.

토론을 위한 질문

1. 예수님의 사역 전략에 대해 논하라. 예수님이 제자훈련의 범위 및 단계를 갖고 사역하셨다고 말하는 것이 공정한가?
2. 구조, 예측 가능성, 책임감, 접근성, 공동체, 탁월함이라는 전략 원칙들에 대해 논의하라. 당신은 이 각각에 중요한 가치가 있다고 동의하는가? 추가할 것이 있는가? 이 중 어느 것이 당신의 교회가 헌신하는 데 가장 어려운가?
3. 이 책을 마치면서, 당신은 여전히 지역 교회에 깊은 제자훈련이 필요하다는 사실을 확신하지 못하는가? 당신의 교회가 이렇게 할 수 없는 이유가 있다고 생각하는가?

적용하기

1. 구조, 예측 가능성, 책임감, 접근성, 공동체, 탁월함을 당신의 사역 범위와 제자훈련 단계에 적용하라. 당신의 범위와 단계 안에서 이 가치들로 각 사역이나 프로그램을 운영한다면 어떤 모습이 되겠는가?

2. 당신은 이제 당신의 교회 안에 깊은 제자훈련을 위한 계획을 세워야 한다. 이제 어떻게 할 것인지 계획을 말해 보라. 일정표는 어떻게 짤 것인가? 가장 먼저 누구를 이 일에 참여시키겠는가? 당신의 교회에서 깊은 제자훈련 방침을 옹호할 사람은 누구인가?

3. 함께 기도하고, 하나님의 인도와 지혜를 구하고, 하나님을 아는 지식이 물이 바다 덮음 같이 당신의 교회에 넘쳐서 하나님을 영화롭게 해달라고 구하면서 이 시간을 마무리하라.

맺는말

나는 이 책을 끝내며 맨처음으로 돌아가려 한다. 나는 교회가 이 시대 제자훈련의 질병을 잘못 진단했다고 믿는다. 우리는 모두 우리의 제자훈련이 병들었다는 것을 알지만, 대부분이 그 병을 잘못 다루고 있다. 우리는 사람들에게 더 요구하는 것이 아니라 덜 요구하는 사역 패러다임을 개발했다. 우리는 가장 낮은 공통분모에 호소하고 그들이 그곳에 머물도록 하는 전략을 채택했다. 우리는 목사들에게 마케팅 담당자가 되어달라고 부탁했다. 우리는 그리스도인들을 성장시키는 대신에 단순히 큰 군중을 유지하려고 노력했다. 그리스도께서는 우리를 더 깊은 제자도로 초대하시는 반면, 우리는 얕은 제자훈련을 정착시켰다.

우리가 더 깊은 곳으로 들어가야 이유는 하나님이 자신에 대해 하신 말씀 때문이다. 그분은 무궁무진한 완벽의 우물이시다. 그분은 영원한 영광이시다. 그분의 의는 끝이 없다. 그분의 아름다움은 끝이 없다. 깊은 제자훈련은 그것이 '깊은 제자훈련' 사역 철학이기에 중요한 것이 아니라 하나님 그분 때문에 중요하다. 깊은 제자훈련은 우리 모두가 하나님을 더 원하기 때문에 중요하다. 깊은 제자훈련은 궁극적으로 만물을 하나님 중심으로 보도록 인도한다. 우리가 아무리 훌륭한 사역 철학을 가지고 있더라도 위대하신 하나님께로 인도하지 않는다면 우리는 시간을 낭비하는 것이다. 깊은 제자훈련은 우리의 교인들과 자원과 교회를 그리스도와 그분의 나라로 향하게 한다.

이 책을 쓰는 동안 나는 텍사스주 플라워 마운드에 있는 빌리지 교회 학교를 담당하는 목사로 있다가 콜로라도주 아배다(Arvada)에 있는 스토리라인 펠로십(Storyline Fellowship)의 수석 목사가 되었다. 빌리지 교회에서의 목회는 내 목회 경력 중 가장 큰 특권이었다. 그 교회의 교인들은 하나님을 사랑하고, 성경을 사랑하고, 성령이 충만한 가운데 사명을 띠고 살아간다. 우리는 교인들이 하나님과의 관계에서 더 깊어지도록 이 학교를 설립했다. 그리고 우리는 이 학교를 통한 많은 역사를 보고 큰 감명을 받았다. 빌리지 교회 학교에 다닌 사람들은 성경을 소홀히 하지 않고 성경을 더 많이 알기를 원했다. 그들은 신학을 소홀히 하지 않고 신학을 더 많이 알기를 원했다. 그들은 영적 훈련을 소홀히 하지 않고 더 많은 영적 훈련을 원했다. 이 책에 담긴 신념은 내가 빌리지 교회 학교를 시작하고 설립하도록 이끌었고, 하나님은 우리가 기대했던 것보다 훨씬 더 많이 우리의 기도에 응답해 주셨다.

동시에, 이 책에 담긴 신념은 나를 새로운 수석 목회의 자리로 이끌었다. 나는 새로운 환경에서, 새로운 도시에서, 새로운 문화에서, 그리고 새로운 사람들 사이에서 동일한 질문을 하고 싶다. 나의 바람은 스토리라인 펠로십의 교인들뿐만 아니라 당신의 사역에 속한 사람들이 이 책을 통해 하나님을 더욱 사랑하게 되는 것이다.

　당신이 제자훈련 목사든, 담임목사든, 소그룹 담당 목사든, 여성 사역 목사든, 아니면 단순히 하나님에 대한 사랑과 지식으로 성장하기를 원하는 그리스도인이든, 나의 바람은 이 책에 요약된 신념들이 당신의 사역에 뿌리를 내리는 것이다. 또한 당신이 더 나은 질문들, 즉 더 나은 사역 철학으로 이어질 질문을 하기를 바란다. 바라건대, 그런 질문들은 더 나은 사역 철학으로 이끌 뿐만 아니라, 삼위일체 하나님과의 교제가 더욱 깊어지는 변화된 삶으로 이끌 것이다.

제자들로 채우는 교회

사명선언문

너희가 흠이 없고 순전하여……세상에서 그들 가운데 빛들로
나타내며 생명의 말씀을 밝혀 _ 빌 2:15-16

1. 생명을 담겠습니다
만드는 책에 주님 주신 생명을 담겠습니다.
그 책으로 복음을 선포하겠습니다.

2. 말씀을 밝히겠습니다
생명의 근본은 말씀입니다.
말씀을 밝혀 성도와 교회의 성장을 돕겠습니다.

3. 빛이 되겠습니다
시대와 영혼의 어두움을 밝혀 주님 앞으로 이끄는
빛이 되는 책을 만들겠습니다.

4. 순전히 행하겠습니다
책을 만들고 전하는 일과 경영하는 일에 부끄러움이 없는
정직함으로 행하겠습니다.

5. 끝까지 전파하겠습니다
모든 사람에게, 땅 끝까지, 주님 오시는 그날까지
복음을 전하는 사명을 다하겠습니다.

서점 안내

광화문점 서울시 종로구 새문안로 69 구세군회관 1층
02)737-2288 / 02)737-4623(F)

강남점 서울시 서초구 신반포로 177 반포쇼핑타운 3동 2층
02)595-1211 / 02)595-3549(F)

구로점 서울시 동작구 시흥대로 602, 3층 302호
02)858-8744 / 02)838-0653(F)

노원점 서울시 노원구 동일로 1366 삼봉빌딩 지하 1층
02)938-7979 / 02)3391-6169(F)

일산점 경기도 고양시 일산서구 중앙로 1391 레이크타운 지하 1층
031)916-8787 / 031)916-8788(F)

의정부점 경기도 의정부시 청사로47번길 12 성산타워 3층
031)845-0600 / 031)852-6930(F)

인터넷서점 www.lifebook.co.kr